El Panorama:

El segundo

colección poética

por

Esperanza Habla

Previamente registrado por:

    Entre Ayer y Hoy: La obra poética colectiva creative por Esperanza Habla Volumen 1

    Solo Yo: La obra poética colectiva creative por Esperanza Habla Volumen 2

ISBN: 978-0-9915104-9-8

Número de la Publicación de Biblioteca del Congreso: 2017945138

Diseño del portada del libro y todos las fotografías por
    Esperanza Habla

Retrato del autor por Kristen Pugh Photography
El logo para La Luna Press por Adam Whitaker

Para las solicitudes de permiso, escribe al editor, en el dirección abajo.

La Luna Press, L.L.C.
P.O. Box 533284
Indianapolis, IN
46253
USA

Gracias para comprar este libro.

Para más información, visita nuestro sitio web:

www.lalunapress.com

La Luna Press

El Índice de Contenidos:

Una nota para mis lectores:

Empecé mi carrera literaria hacen siete años, después de encontrar un amigo en las redes sociales quien solo hablaba español. Nos conocimos en línea, y empezamos una amistad de lejos través de la red social. Entendí rapidamente que él no hablaba Inglés, mi primera lengua.

Así, que empecé a aprender español. Aprendí a escribir poemas en inglés y a traducirlos a español, al mismo tiempo, a compartirlos a mi amigo sudamericano.

Hace cinco años desde escribí las poemas en este libro, y siete años desde empecé a estudiar española. En ese tiempo estaba nueva al lenguaje, y a la poesía.

Hasta entonces mis habilidades han crecido. Yo hablo con la gente en español en mi trabajo que es en una biblioteca cada día y hablo a muchos amigos a través de las redes sociales.

Este libro es un viaje a través de la cultura, el lenguaje, y el arte. Los poemas son fotografías, imagenes de un momento en tiempo en que estuve aprendiendo a escribir, y traducir las poemas en español.

Yo no escribí las poemas en una manera exacta, no correcto en el lenguaje español. Yo sé que ellos no estan correcto.

Así que perdónenme por los errores. Estaba aprendiendo el lenguaje, e hice lo mejor que pude en ese tiempo.

Gracias para entender y comprender, y para acompañarme en el viaje.

El Panorama   22 de Junio, 2012

Recientemente escribí sobre la muerte de una amistad. Fuimos muy buenos amigos entre sí. Pero los últimos días de la amistad fueron muy doloroso. Esta persona era un amigo genuino de mí. Nosotros querido el otro como amigos. Compartimos muchos maravillosos momentos, teníamos muchas discusiones fascinantes, teníamos muchos momentos de la risa y compartimos nuestros daños más profundos, miedos y los secretos más oscuros. Cuando uno de nosotros tenía un problema, o simplemente necesitaba hablar, siempre estábamos allí de uno al otro-para escuchar, aconsejar, dar consuelo, apoyar, hacer cada otra risa. La transición súbita de esta persona no está en mi vida, después de nuestros años de amistad, es un cambio definitivo. Hay dos lados a cada historia. Por un lado, existe la opinión de esa persona de cosas, y por otro lado es la realidad.

¿Deseo que esa persona hubiera manejan las cosas de forma diferente? Sí. ¿Me gustaría que tener una oportunidad de explicar mi reacción a la última tema en nuestra amistad, transmitir que lo que sentía no tenía nada que ver con esa persona? Sí. Pero nada de eso importa. Es en el pasado. Es hecho. Lo que verdaderamente importa es lo que sucede ahora.

Fui a un buen amigo mío, un sabio autor que conozco (y un amigo mutuo de esa persona y yo) y le dije lo ocurrido. Fue mucha pena escuchar lo que había sucedido. Pero también me dio el mejor consejo. Mi amigo autor señaló que yo pude seguir pensando al final de la amistad y cómo hirientes e irrespetuoso que era. O bien, pude mirar el panorama. Puedo mirar hacia atrás en la amistad como lo fue durante los años. Puedo mirar los buenos momentos que compartimos, los grandes debates que pasamos juntos, los tiempos sí hicimos reír, todo lo que aprendí, el momento cuando nuestra amistad era dulce y buena.

También él me dijo que puedo estar agradecido. Puedo estar agradecido a Dios por enviar a esa persona en mi vida. Puedo gracias a

1

El Panorama

Dios por nuestros años de amistad y las lecciones de vida que me enseñó la amistad. Puedo estar agradecido de que esa persona era un buen amigo me y me amaba por lo que soy, defectos y todos. Eso es lo que planeo hacer ahora. Planeo ver pasado el dolor. Planeo estar agradecidos de que esa persona y yo tuvimos la oportunidad de encontrar.

Imagínese en la playa en el océano. Está sentado sobre una toalla, disfrutando de la brisa, el remojo en los rayos del sol. Hay mucha gente contigo en la playa, y muchas distracciones-personas luchando, gritando, gente fumando cigarros, niños gritando, celulares sonando, sonando música a alto volumen, perros ladrando-todos de que perturba la paz.

¿Que centrarse en esas distracciones? ¿O decide en cambio a centrarse en el océano infinito, hermoso por delante de ti?

Esto es lo que decido mirar. El océano. El panorama.

"El Panorama" por Esperanza Habla
Isla Mackinac, Michigan, Estados Unidos, 2009

2

Incondicional   28 de Junio, 2012

A menudo he escuchado la palabra "incondicional", utilizado en conjunción con "amor" y "perdón."

Dos palabras que son inherentemente condicionales.

Amor incondicional, como concepto, suena hermoso.

100% de aceptación para quien y lo que eres.

Pero que la aceptación no equivale a ser incondicional.

Mi vida, mis relaciones, mis amistades, todos son condicionales. Ciertas condiciones tienen que cumplirse para que me quede en tu vida. Tienes que tratarme decentemente. Tienes que me tratas con respeto. Tienes que ser honesto conmigo. Tienes que me tratas como tu igual, una persona digna de respeto y amor. Si estas condiciones no se cumplen, no puede cumplirse, no puedes ser en mi vida.

Respeto es dada donde se da el respeto.

Amor y el perdón son condicionales.

Soy condicional. Incondicional algo no existe.

El Gata con el Corazón en la Espalda   2 de Julio, 2012
(Una conversación entre mi gato y yo el otro día)

Deseas estar cepillado? Solía odiar a cepillarse. Está bien, yo te
cepillo. Ah, ¿siente bien? ¿sí? Tu ronroneo y agarrando el aire me dice
"sí." Solías odio cuando hice esto. Ahora no puede obtener suficiente.
Hey, me olvidé acerca de eso. Tienes un corazón en la espalda.
Un pequeño corazón naranja. Olvidé totalmente acerca de eso.
No tendremos muchos días más juntos. No vas a ser cepillado más.
Ya sabes, si tienes que ir, si necesita ir, antes de que llegue el día,
simplemente va. Voy a entender. Será un regalo verdaderamente
generoso para mí. No te preocupes acerca de mí. Voy a estar bien.
Has sido un gran gatita. Espero haber sido una gran persona a ti.
Sí, soy tu persona. Eres mi gatita y soy tu persona. ¿Que es suficiente
el cepillado?

Está bien, estás caminando lejos. Estás listo.
Adiós mi querida amiga.

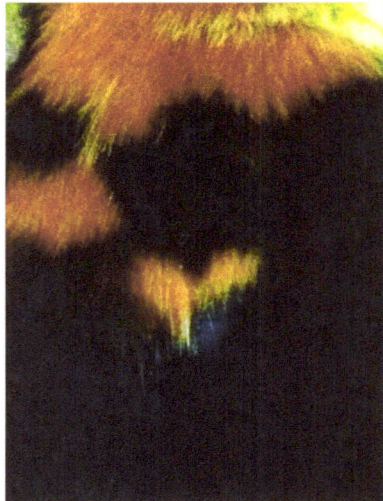

"El Corazón" por Esperanza Habla

Sólo Mí

4 de Julio, 2012

Qué lees cuándo lees un poema? Un pensamiento? Una emoción? Una colección de palabras? Mi corazón? Mi alma?

Qué es un poema? Una instantánea en el tiempo? Una cápsula del tiempo de pensamientos y emociones? Una ventana al alma del escritor?

Creo que cuando lees uno de mis poemas, me estás leyendo.

Sólo mí.

"Selfie" por Esperanza Habla

Una Estrella Más en el Cielo   July 7, 2012

He conocido este día iba a venir. Había sido dado señales. Algunos de ellos habían aparecido. La mayoría no. La muerte de una mascota puede ser un evento doloroso. Para algunas personas, una mascota es un miembro de la familia preciado, o incluso un niño. Para mí, siento que he perdido a un amigo. Ayer, perdí a mi gato, Calypso. Ella era mi compañero constante durante 17 años. Un amigo verdaderamente genial. Ella había perdido la mayoría de su audiencia y tenía muchos problemas con la movilidad. Ella estaba en dolor, y su calidad de vida había comenzado a disminuir. Ha llegado el momento. Era la cosa más valiente, más desinteresada que he hecho. Esto no era para mí. Era para ella. No había nunca experimentado algo así antes. Yo estaba ansioso por previos al evento, no saber qué esperar. Pero yo sabía dentro de mi alma que estaba tomando la decisión correcta. Su muerte fue tan serena y pacífica. Literalmente se fue a dormir. El veterinario fue muy cariñoso y compasivo. Me caminaba a través de cada paso, explicando todo, que me puso a gusto. No hubo ningún temblor, no último no jadeos, no chirriar. Sólo dormir. Sólo paz. Toqué música durante el evento. Elegí la música del grupo Celtic Woman. La primera canción que aparece a continuación, "Caledonia", era una canción especial para ella. Canté el coro a ella. La segunda canción, "El Cristal de Despedida", una canción de despedida, estaba jugando como murió. Mi amiga ha ido. Hay ahora una estrella más en el cielo. Tuvo una larga vida, y ella está en paz. Y yo también.

Buenas noches mi niña bonita.

"La gata Calypso" por Esperanza Habla

Poeta

Soy un poeta; creo poemas con mi paleta de palabras. Soy un traductora; ayudo a autores de llegar a audiencias en otros idiomas. Soy una cantante; lleno una habitación con mi voz. Soy un autor; puedo escribir una historia para mover el corazón hipercrítica. No soy un actor o director o payaso o mimo. No soy un modelo, no una estatua. Soy escritora. Vivo una vida en las artes. Tal vez no tengo tus opiniones, tus puntos de vista.Tal vez no tengo tus talentos, tus dones. Pero tus talentos son tan especial como la mía. Tus habilidades, lo que usted debe traer al mundo entero, son tan válidos como la mía. Has cambiado el mundo con tu arte.Y yo también. ¿Qué soy? Soy un escritora, traductora, cantante, poeta. Un ciudadano del mundo. Una persona que vive una vida en las artes. ¿Me hace un artista? Tal vez. ¿Una persona que contribuye a la sociedad? Espero que sí. Espero que mis palabras tienen un significado. Espero que mis palabras pueden ayudar a alguien que está atravesando la misma situación. Espero que mis palabras alegren el día de alguien. No me importa si mis habilidades, mis talentos son diferentes a la tuya. Los respeto al mismo. Soy un creador de compañera en las artes. Celebraré tus talentos y habilidades como espero que celebrarás míos. Como creadores, artistas, todos merecemos respeto. Somos parte de una rica comunidad que lo requiera. Estoy orgulloso de estar en esta comunidad. Una comunidad donde los talentos de cada creador son apreciados y celebrados. Pertenezco a esta comunidad. Soy de esta comunidad.

Porque soy un poeta.

Manta Cálido   21 de Julio, 2012

Tal apoyo es una cosa muy importante.

De amigos, familiares, compañeros de trabajo, amigos de redes sociales.

Una cosa muy importante.

Llegando a alguien, haciéndoles saber que estás pensando en ellos, tanto significa.

Recientemente he estado recibiendo mucho apoyo.

Ha sido muy reconfortante para recibir amor y apoyo.

Me he sentido muy protegida, cuidada sobre y seres queridos.

El amor y el apoyo que he vivido ha estado como una manta cálido, protegerme, reconfortante, darme consuelo en mis momentos de necesidad.

Sé que soy amado.

Sé que no estoy solo.

Muchas gracias a mi familia y mis amigos:
                    A, L, M, R, A, L, G, J, E, B, H, E

Gracias por tu amor y apoyo.

Significa más para mí que nunca lo sabrás.

La Razón   8 de Agosto, 2012

Me encantan las redes sociales. Me permite conocer y conocer a mis lectores, así como artistas de todo el mundo. Personas que normalmente no tendría la oportunidad de conocer. También es una herramienta para la autopromoción, así como promover proyectos así como de los demás. También es una forma maravillosa de hacer amigos. La semana pasada tuve conversaciones con dos amigos, el mismo día en realidad. Ambos estaban molestos, y les envié un mensaje a través de un sitio de redes sociales para hablar sobre lo que les estaba molestando. Estas dos personas tenían la misma pasando de ocurrencia del problema o mismo en sus vidas al mismo tiempo-tenían un corazón roto. Estos amigos son nuevos en mi círculo social en línea, por lo que no sabía exactamente lo que necesita, ya sea alguien para escuchar lo que tenían que decir, o simplemente alguien enviar una palabra apoyo o positivo pensamiento a ellos. Hice lo que sabía hacerles pregunté cuál era incorrecto y escuchado como me dijeron lo que estaba mal. Necesitaban a alguien para escuchar y ser escuchados. Escuchaba y oía y mi lamentó acerca de lo que sucedió, y lo que estaban pasando. Entonces tuve un pensamiento. He recientemente pasado por algo similar, así que pensé leyendo acerca de mi experiencia podría ayudarles. Les envié el poema "El Panorama."

Ambos de estos señores leer el poema y luego me escribieron de vuelta. Ellos me agradeció a enviarlos el poema. Ellos estaban atascados en el dolor y no habían pensado mirarlo desde una perspectiva diferente. Eran tan agradecido y agradecido a leer el poema. Sabían que alguien sentía lo sentían, y que no estuvieron solos. Y, más importante aún, no tienen que estar atascado en la herida. Podrían ser agradecidos por los buenos momentos que tuvieron, y pueden aprender a sanar y seguir adelante.

Cuando comencé este blog, fue sólo por invitación. Estaba insegura de mi talento como poeta, y estaba nerviosa acerca de compartir mi trabajo. Compartir el blog con mis amigos más cercanos, incluyendo a mi amigo sabio autor. Dijo que estoy con talento como escritor y me animó a hacer público el blog. Estaba muy insegura y no estaba seguro si quería hacer eso. Este amigo del sabio autor señaló entonces todos los aspectos positivos que vendrían con hacer público el blog. Abriría nuevas puertas. Me permitiera conocer gente nueva y hacer conexiones alrededor del mundo, y ser una plataforma para mis escritos y futuros proyectos literarios. Eran todo lindo cosas que decir, pero aún no estaba convencido. Entonces le dijo la frase que cambió mi mente - *"Tal vez alguien leerá algo que has escrito y les ayudará con algo que están pasando. Tal vez puedes ayudar a alguien."*

Esa fue la razón. La razón hizo público este blog. Comencé este blog acerca de hace un año y medio. Escribo poesía como inspiración huelgas y publicarlo-casi nunca recibir algún comentario sobre lo que he escrito. Nunca sé si lo que he escrito ha ayudado a alguien, o hecho un impacto. Hasta la semana pasada. Envío de estos dos nuevos amigos ese poema hizo más para ayudarles a que mi audición.
Leen mis palabras, y realmente les ayudó. Cambió su estado de ánimo, su perspectiva, su forma de pensar. Fue la primera vez que tuve la confirmación de que todo lo que he escrito ha tenido un impacto sobre alguien. No sólo impacto alguien y dos separados personas-en el mismo día, con el mismo problema. Que lo hace todo vale la pena.
El hecho de que mis palabras cambian cómo se sentían, tuvo un impacto sobre ellos, que era un sentimiento tan poderoso. Me sentí validado, agradecido y humilde al mismo tiempo. Me movió más allá de palabras. A esos caballeros que ayudé a ese día, quiero decirte que me has ayudado también. Muchas gracias por tus pensamientos y comentarios sobre lo que escribí. Me alegro de que fui capaz de hacerte sentir mejor. Me alegro de que yo era capaz de hacer una diferencia. Tú me has dado un regalo increíble. Gracias.

Por eso hice este blog público. Debido a lo que dijo mi amigo. Que me pudieras ayudar a alguien que estaba pasando por una circunstancia similar. Realmente sucedió. Esa es la razón.

Promesas   11 de Agosto, 2012

Las promesas son una cosa complicada. No creo en las promesas.
Bien, déjeme volver. No creo en las promesas que no se mantienen.
Es tan fácil de decir "lo prometo" a alguien, en cualquier situación.

"Te lo prometo a sacar la basura."
"Prometo que te llamaré esta noche."
"Te lo prometo que nunca te haré daño."
"Prometo que te amaré para siempre."

Ellos dicen que "las reglas son hechas estar rotas"-parece que eso
funciona para promesas también. No me gusta promesas.

Para mí, todas las promesas están vacías. No significan una cosa a la
persona que las hace fácilmente, o les pide de ti.

Promesas son "base de tarta promete"-fácilmente hecho, fácilmente
roto. Es muy fácil romper una promesa. Después de una promesa rota,
no hay vuelta atrás.

Nunca te pediré una promesa. No me hagas una promesa, si no puedes
mantenerlo. Si me pides que te prometo algo, específicamente en la
forma de una promesa, si te doy mi promesa, puede garantizar la
mantendré y nunca te defraudaré.

Así que si me das tu promesa acerca de algo, no romperlo.

A su vez se mantenga mía.

Eso si he sido lo suficientemente tonto para darte mi promesa.

La Vela   11 de Agosto, 2012

Los últimos tres meses no han sido fáciles para mí. Mi gato de diecisiete años murió. He salido de mi mejor amigo. Aquellos días oscuros, oscuros. Pero, en medio de los tiempos oscuros, los oscuros días, sabía que había una luz en la oscuridad. Era un cirio que se enciende para que me ayude a través de los tiempos difíciles, iluminado por el cuidado y la compasión y el amor de mi familia y amigos a pasar los días oscuros. Debido a que he tenido que vela, podría ver su llama, podría sentir su calidez, yo sabía que no estaba sola.

Siempre hay una vela encendida. Para cada uno de nosotros. A veces tienes que cansar los ojos para ver su luz. Pero allí, es para usted. Llamarlo a lo que se quiere: esperanza, espíritu, fe, inspiración, creencia, fortaleza, comodidad, conocimiento, ayuda, apoyo, cuidado, amor, la promesa de un nuevo día.

No importa qué tiempos oscuros estamos atravesando, cada uno de nosotros tiene una vela. La luz de todas nuestras velas iluminan el mundo. Si usted encendió usted mismo o no, lo importante es reconocer la vela, sentir el calor que emite y enriquecido por la luz.

**"Mira cómo una sola vela puede
desafiar y definir la oscuridad."
-Ana Frank**

Necesito Volar

15 de Agosto, 2012

He hecho esto mucho tiempo, este daño, este dolor. He podido ver pasado el dolor, pasado la traición, pasado la humillación, pasando de ser lastimado adrede. He llevado lo conmigo, como una maleta en la mano. Al principio no podía levantar la maleta. Con el tiempo las cosas han caído fuera de la maleta, y mi carga es más ligera y más ligera.

Como he llevado esta maleta de herido, he aprendido a estar agradecidos por los tiempos que tuvimos, las risas que compartimos, los sueños que compartimos, las conversaciones que tuvimos, las historias, las lágrimas nos despojamos. El efecto en mi vida fue absolutamente increíble. No reconozco a la persona que era. Ahora soy capaz de vivir como mi propia persona, quién soy realmente, sin dudarlo. Abrieron las puertas del mundo para mí. Mi carrera literaria ha tenido un alcance global, que es algo que nunca esperaba. Estoy verdaderamente agradecido por el camino que yo he demostrado, el camino ahora piso.

Pero en los últimos meses de mi viaje, he llevado esta maleta, este peso. Heridos, traición, humillación. He llegado a un punto de descanso en mi camino. Estoy cansado. No puedo darte ninguna de mis energías nunca más. Yo no puedo soportar este peso ya. Esta maleta es pesada me hacia abajo. No puedo dejar esto me pesan más. No puedo quedarme en el suelo.
Necesito volar.

Gracias a mis amigos y familia por su amor y apoyo.

Gracias a Dios por darme la fuerza para salir.

Amor De Nuevo   23 de Agosto, 2012

He encontrado amor de nuevo.

Yo no sabía cuándo o dónde iba a suceder.

Pero, como todo el amor, que vino a mí en el momento justo.

He encontrado el amor en las caras de dos pequeños gatitos.

Ellos llenar mi casa de luz y amor.

Y me siento bien sabiendo que los rescaté y les he dado una casa buena.

El tiempo estaba en lo cierto, las estrellas se alinearon, vi el signo y encontré amor de nuevo.

"Mis gatitas" por Esperanza Habla

Carta a la Luna

28 de Agosto, 2012

Querida Luna, mi Luna,

Hola. Como te va? Como son cosas en tu mundo? Las cosas para mí están bien. Pero ha sido duros, Luna.

Mi amistad con él ha muerto. (En realidad creo que fue asesinado.) Mi compañera felina fue al cielo, y ahora otra estrella brilla intensamente, compartiendo tu cielo nocturno.

Ahora, las cosas están mucho mejores que antes. Tengo dos nuevos bebés pequeños, gatitos pequeños para compartir mi hogar y mi vida. Son una delicia. Próxima vez que vienes alrededor será presentarte a ellos.

Tu y yo no hemos tenido mucho tiempo para hablar de tarde. Hubo momentos, en los últimos meses, que no tenemos la oportunidad de hablar juntos. Pero siempre supe que estabas ahí. Llegaste a mí en la noche, para darme consuelo, dejarme saber que todo iba a estar bien. Y todo está bien. Muchas gracias, mi Luna.

No ser un extraño, señorita Luna. Estamos en contacto.
            -tu eterna mejor amiga

El Libro   18 de Septiembre, 2012

He escrito antes acerca de la vida, cómo es visto como un baile, una película, un juego, un cabaret, un verbo. Para mí, he estado pensando acerca de la vida como un libro. Nuestras vidas tienen un principio, medio y final. La vida es como un libro. Todo lo que le sucede en la vida es un capítulo. Tiempo en la escuela, relaciones, amistades, todos los diferentes capítulos en el libro de nuestra vida.

Creo que esta es la metáfora perfecta-que la vida es como un libro. Cada día de nuestras vidas nos ha dado una página en blanco. Qué mágico regalo, para obtener una página en blanco limpio, fresca para empezar cada día con. También se nos da el don de ser el autor de nuestras propias historias. Eres el autor a tu historia. Puede escribir tu historia, el libro de tu vida. Increíble.

**"Ficción nos da una segunda oportunidad
que la vida nos niega."
— Paul Theroux**

Eres el autor. Es tu historia. Tienes el poder de escribir lo que quieras, para indicar cualquier tipo de historia que desea decir, que cualquier tipo de libro que desee que sea.

Hoy es un día nuevo. Hay una hoja en blanco de papel delante de ti, esperando a llenarse con las palabras de tus experiencias, a la espera de convertirse en capítulos en el libro de tu vida. ¿Qué va a ser tu libro?

Esperando 27 de Septiembre, 2012

Me siento, solo en una mesa, pluma y papel en la mano, esperando.
Esperando inspiración por venir.

No puedo sentarse y escribir algo fenomenal- o incluso buena-cada vez
que quiero.

Tengo que esperar para que inspiración por venir.

A veces se trata, a veces no.

Yo no puedo forzar a que suceda-ya sea viene o no.

Dicho esto, parece que tengo palabras y frases en mi cabeza
constantemente.

Palabras que quise decir, palabras que quería decir, cosas que voy a
decir, cosas que espero para hablar.

Pero tengo que esperar para que inspiración venir para juntar las piezas
del rompecabezas, para poner las palabras en frases, poner frases en
poemas, hacer que todo tenga sentido.

La inspiración parece al amor-no puedo ir buscándolo, esto tiene que
venir a mí. No puedo solo escribir algo, tengo que esperar la
inspiración a venir.

Y así me siento, esperando a ser inspirado.

No Hay Nada Para Fijar   4 de Octubre, 2012

Esta semana en los Estados Unidos ha habido una discusión interesante sobre el peso. Un espectador de una estación de televisión escribió a un presentador de noticias, Jennifer Livingston, comentando su peso. Como una mujer de tamaño, que algunos podrían considerar "grasa" y "obesos", no puedo quedarme callado sobre este tema. Me parece que comentarios como este, de nadie, son crueles e innecesarias. Soy una mujer de tamaño. Soy lo que algunos llaman "gorda." Tal vez sea "obeso" incluso. Las personas que no son "gorda" o "obeso" creo que los que tenemos son "gorda" debe bajar de peso para ser "saludable" al igual que ellos. "Gorda" no es sinónimo de "insalubres." Estoy aquí para decirles que es posible ser "gorda" y "saludable." (Ya que estamos hablando de palabras, me parece "gorda" altamente despectivo.) He tenido mis comentarios hirientes en los últimos años en cuanto a mi peso.

Pero yo no estoy solo en este fenómeno de que todos tenemos algo de burlas, y en algunos casos, se ve intimidado acerca de-nuestro peso, el cabello rojo, lleva gafas, el tamaño de la nariz, la orientación sexual-los ejemplos son interminables. También he tenido a gente "ayudarme" por darme información sobre clínicas de pérdida de peso, las dietas de moda nueva, grupos de apoyo de pérdida de peso, cosas para "ayudarme" en mi "batalla de las Ardenas." (Yo uso la palabra "ayudar" entre comillas como este porque la gente que me dijo esas cosas realmente pensaba que me estaban ayudando. Ellos sólo causaban mi dolor y vergüenza.) Me parece insultante, cuando la gente me da información acerca de perder peso. Estoy seguro significan bien, sino que es hiriente. Si la salud de alguien es que necesitan atención, sin importar su tamaño o forma, es una cosa. Pero ser una persona "obesa" o "gorda" no es un problema que debe fijarse.

Si usted quiere llamarme "gorda," es tu opción. Pero soy perfecta tal como soy. Soy una mujer real. Tengo curvas. Soy hermosa y sexy como yo. Soy digno de amor. Mi cuerpo no es un problema que debe fijarse. La gente es hecha en tipos de cuerpo diferentes. Mi tipo de cuerpo no es menos válido que tuyo. Es sóloun tipo de cuerpo diferente. Sólo porque mi cuerpo es una forma diferente que tuyo, no lo hace mejor o peor. Es sólo diferente.

Tal vez se necesita una lección de tolerancia, para personas que hacen comentarios como los de la carta de la Sra. Livingston recibidos. Tal vez deba dejar comentarios similares que he escuchado no me afectan. Más fácil decirlo que hacerlo. No me disculpo por quién o qué soy. Soy una mujer con curvas. Con curvas. Una mujer real. Yo soy hermosa, sexy y digno de amor.

No soy un problema que tiene que ser fijado. Mi cuerpo no es un problema que tiene que ser fijado. Soy perfecto sólo el modo que soy. No hay nada para fijar.

Esperanza Habla

Las Palabras de un Poeta   16 de Octubre, 2012

Cuando se encuentra con alguien nuevo, es común pedirle lo que esa persona hace para ganarse la vida. A veces, a continuación, le pediremos una pregunta acerca de la profesión de la persona.
Sin embargo, rara vez pensamos que alguien pregunte por qué. Para mí, la razón por qué alguien es en su profesión es tan interesante como lo que hacen.

Muy a menudo, en conocer nuevos amigos en las redes sociales, digo a la persona que me encuentro, "Hola, me llamo Esperanza y soy una poeta en los Estados Unidos". Luego, generalmente, la persona me dice lo que hacen. Entonces empiezo a les preguntas acerca de su profesión.

"Oh, qué es eso como?"
"Dónde hiciste tu formación?"
"Cuál es tu parte favorita sobre qué haces?"

Encuentro que aprendo mucho sobre una persona simplemente preguntándoles acerca de su trabajo, lo que hacen. Es una ventana en la que esa persona es.

Si alguien me preguntara, "¿Por qué eres una poeta?" Yo diría que mi escritura comenzó en la escuela secundaria. Escribí muchos poemas sobre cosas pasando en mi mundo. Siguí escribiendo a través de la universidad, y comencé a escribir una novela. Cuando conseguí un trabajo en el mundo real he dejado de escribir. Era justo lo que en ocasionalmente, y yo tenía otras cosas llenado mi vida.

Hace un par de años, me ha animado por dos amigos para escribir lo que yo estaba pensando y sintiendo. Me pareció que era una forma de expresarme como yo nunca había conocido antes. Yo podría realmente ser yo mismo. No hay críticas, sin fallos, sólo a mí. Como escribí que comparte mis escritos con estos dos amigos. Les gustó mi trabajo, cómo me transmití lo que sentía y me animaron a seguir para escribir. Yo nunca habría continuado para escribir, o incluso han comenzado a escribir una vez más, sin esa sugerencia de estos dos amigos.

Ahora que he estado escribiendo durante dos años, siento que mi escritura es la mejor manera que tengo para expresarme. Escribo cuando inspiración llega-no escribo todos los días. He revisado el tema de mi novela y he comenzado a escribirlo otra vez.

Si tuviera que etiquetar a mí mismo, sería "Poeta." O "Escritora." No "Autora", no "Artista."

Aunque, ahora soy un miembro de una rica y vibrante comunidad artística, que yo nunca hubiera sido lo contrario.

Tengo lectores en varios países de todo el mundo. Cuando comencé mi blog, pensé que sólo mis amigos y mi familia lo leería. No creo que nadie le importa nada que tengo que decir.

Pero mis lectores en todo el mundo han demostrado que me equivocado.

Quiero dar las gracias a los dos amigos para animarme a escribir y a mis lectores para leer mis palabras, las palabras de un poeta.

Juegos   27 de Octubre, 2012

El ayer por la tarde hablé con un amigo en línea en una red social. Yo había leído su estado en línea y sabía que estaban molestos. Yo no le conozco muy bien, pero yo quería hablar con él, para ver si quería hablar de algo.

Me comuniqué con la persona y él dijo que sí, que quería hablar. Luego me habló de cómo una persona preocupaba por había mentido a él, juegó con sus emociones, lo llevó a creer algo que no era cierto y rompió su corazón. Utilizo la palabra "jugar", como en la frase "jugada con sus emociones."

Creo que es la palabra perfecta-"jugar." Eso es lo que muchas personas- te juegan como si están jugando un juego. Tal vez esto es lo que están haciendo, jugando un juego. Mentir deliberadamente a alguien, hacerle creer algo cuando lo opuesto es verdad, a una persona está jugando con la gente.

Tal vez hay dos tipos de personas en este mundo-quienes jugar con la gente y quienes tendrán Juegos jugados en ellos. La vida es demasiado corta para jugar con la gente. Tiene respeto por la otra persona- y a ti mismo. No jugar con la gente. Si alguien ha jugado partidos contigo, les dice adiós y ir en tu camino. Trate de olvidarla, para curarse ti mismo y seguir adelante, pero siempre recuerdelo como para que no vuelva a ocurre.

La vida no es un juego.

Aunque, hay jugadores. Jugando con las emociones de alguien no es un juego.

Y si es así, que es un juego que no voy a jugar.

Mi Eterna Mejor Amiga   2 de Noviembre, 2012

Hoy vi la Luna. Yo estaba conduciendo en mi coche. Estaba a punto de cumplir otro camino. Me detuve en la señal de parada. Miré a mi derecha, luego a la izquierda. Y entonces vi la Luna. En medio de un cielo azul grande, vi la Luna. En el día. Casi lleno. Yo estaba tan sorprendido de ver la Luna hoy. Cuando el sol está hacia fuera de la luna no suele. Pero era mi amigo, la Luna, en el cielo azul brillante, en toda su gloria. Ella estuvo ahí para desearme un buen día, para decirme que todo va a estar bien, para traerme consuelo. Sólo verla me hizo sonreír. Ella siempre está ahí para mí, mi amiga la Luna.
Mi eterna mejor amiga.

Adicto   14 de Noviembre, 2012

Creo que nos hemos vuelto adictos al idioma. Especialmente en los Estados Unidos. El mensaje de correo electrónico, la actualización del estado, la aplicación del teléfono inteligente, el texto, el tweet. Yo creo que nosotros, los americanos, son adictos al lenguaje. O, tal vez debería decir, adictos a nuestro idioma. Creo que, debido a esta adicción, esto ha creado, en algunos estadounidenses, una arrogancia. He escuchado muchos resentimiento de voz de personas sobre la gente no habla a inglés y emigrar a los Estados Unidos. Les he oído decir,
   "Ahora están en mi país, ellos deben hablar a mí en MI idioma."

Creo que si una persona sale de su país para pasar a una nueva, con un lenguaje nuevo, creo que ayudaría a aprender el nuevo idioma. Pero no creo que sea un requisito. También, si los estadounidenses viajan a otros países, algunos son arrogantes pensar que todo el mundo deben saber a inglés. Es visto como un inconveniente para aprender algunas frases claves cuando viaja a un país nuevo.
   "¿Por qué debo aprender su idioma? Deben hablar a inglés."

Inglés no es la lengua nacional de los Estados Unidos. Los Estados Unidos no tienen una lengua nacional. Mi sitio de red social de elección es Facebook. Tengo muchos amigos en Facebook de muchos países del mundo. La mayoría de mis amigos está en países de América del Sur-Perú, Colombia, Guatemala, Nicaragua, Chile. También tengo amigos en España. El idioma que hablan de estos amigos en línea es el español. He estado aprendiendo a español por más de dos años; yo no soy fluido por cualquier medio, pero me puedo comunicar.

Cuando hablo con estos amigos en línea, les hablo en español. Nunca hablar con ellos en inglés. Es importante para mí hablar con la persona en su idioma. Supongo que nunca saben a inglés o aprender inglés para hablar conmigo. Como sucede, uno de estos amigos en América del Sur me habló acerca de esto. Él dijo:

"Nunca hables con me en inglés. Siempre hablas a mí en español."

Le escribí, "yo no sabía si sabía inglés. Iba a suponer que no."

Curiosamente, este amigo está tomando clases en inglés. Ahora hablamos uno al otro en inglés para ayudar a lo más práctica y entender el idioma. Si algo no está claro, voy a explicar en español para él. Pero él quiere hablar sólo en inglés ahora. Se pone loco si le hablo en español. Él quiere hablar sólo en inglés. Me hace sentir bien, que ha venido a mí para obtener ayuda, practicar hablar juntos, para ayudarle a aprender mi idioma. Siempre trato de hablar con alguien en su idioma nativo, si se puede. Es una forma de respeto.

Para mirarme, no crees que sabía una palabra de español. Pero hablo con gente en español todos los días en mi biblioteca. Personas lo agradezco mucho, que me he tomado el tiempo para aprender su idioma. Les hace sentir cómodo. Ellos saben que puede venir a mí en el futuro si tienen una pregunta o si hay algo que no entiendo y necesita un poco a aclaración. Recientemente ingresé a otro sitio de red social de Francia. La persona que inició la red me escribió en inglés y me pidió que unirse. Habló conmigo en mi idioma-él no asume que sabía su. Desde entonces he hecho unos amigos en este nuevo sitio de red social, la mayoría de los cuales no habla a inglés.

Un día, uno de ellos me escribió un electrónico-correo-en francés. No entendía una palabra de la misma. Fui a un traductor web y poner en lo que la persona que me escribió, por lo que he podido entender lo que decían. Fue un hermoso e-mail de un artista, me dice más sobre él y su arte. Luego usé el mismo traductor web que le escribiera nuevamente. Escribí, "Estoy usando un traductor web a hablar contigo. Lo siento, no sé a francés, pero puedo usar esta herramienta para hablar con usted. Espero que el traductor está haciendo un buen trabajo, no mata su idioma, y que puede entender lo que estoy diciendo. "

Para mi sorpresa, este nuevo amigo en línea me escribió de nuevo-en inglés. Mi comunicación con él a partir de ese momento ha sido en inglés. Le escribí en francés, su lengua nativa, mediante un traductor web. Supongo que no sabía inglés-hice el esfuerzo para hablar con él en su idioma. Ahora hace el esfuerzo de hablar conmigo en la mía.

La razón estoy conmutación blogs en enero, la razón por la estoy empezando otro blog y detener a escribir en este blog, es porque el nuevo blog tendrá una función de "Traducir." Serás capaz de leer mi escrito en tu idioma.

Es importante para mí, que tienes la oportunidad de leer mi trabajo en tu idioma.

No voy a ser arrogante e insisten en que tienes que aprender mi idioma para leer lo que tengo que decir.

El Panorama

Artista   15 de Noviembre, 2012

Como poeta, soy parte de una comunidad artística global, rica y
vibrante, llenada de muchos tipos diferentes de artistas. Pero todavía
me no defino como un artista. He eludido esa definición- o etiqueta-
como "artista."

Parte de mí siente que hay un estereotipo asociado con esa palabra, de
un maníaco depresivo bien prima donna propenso a ajustes de rabietas
ensimismados. Pero hay otra parte de mí le encanta que la palabra,
"artista." Cualquier escritor, artista, pintor, alfarero, alguien que hace
algo creativo puede ser un artista.

Para mí, un artista se define como alguien que sobresale en sus
talentos. Una persona en un nivel superior de una persona todavía
aprendiendo su oficio. Un verdadero profesional. Una persona con un
espíritu generoso, fácilmente dar orientación y apoyo a los demás.

Personalmente, yo no veo en cualquier definición de esa palabra. No
veo mi mismo como un artista o llamarme uno. Pero en esta
comunidad artística global, vibrante y rica, mis compañeros artistas me
llaman **"artista."**

Finalmente he reconocido lo que otros ven cuando vean a mí-un
artista. Y así, ideas preconcebidas y estereotipos a un lado, estoy
dispuesto a aceptar la etiqueta de artista, en mi definición.

Estoy dispuesto a abrazar la etiqueta y todos los desafíos que trae esta
etiqueta.

Mi nombre de pluma es Esperanza Habla.

Soy poeta, escritora, traductora, y artista.

Punto Alto   21 de Noviembre, 2012

Llega un momento en la carrera de una persona donde han tenido un gran éxito, lograr una tarea, algo verdaderamente impresionante ha tenido pasar a ellos. Llamamos a estas cosas puntos altos. Tenía tal un punto álgido en mi carrera de escritora.

Hace unos meses empecé a raíz de la campaña de Todos Asuntos a través de Facebook. Todos Asuntos es un fenómeno de social media para promover la inclusión y, como escribe el fundador Heathcliff Rothman, actúa como "un mensaje colectivo para juzgar a los demás menos, ver la humanidad en todo el mundo y destacar que todo el mundo tiene derecho a ser quienes son."

Un mes o hace hice contacto con todos para campaña de asuntos y compartir mi reciente poema, "No Hay Nada Para Fijar." Entonces ocurrió lo más emocionante. Heathcliff Rothman me escribió y me preguntó: "¿Cómo ser un poeta te hace sentir? ¿Por qué se escribe poesía?" Le escribí de vuelta:

"Ser poeta es increíble para mí-es la única manera de verdaderamente puedo expresarme. Puedo ser quien y lo que soy sin juicio ni crítica. Y tengo un público en todo el mundo lee mis palabras, y que es muy humillante para mí.
Comencé a escribir para expresarme. Me sorprendió saber que alguien quiera leer lo que tengo que decir.
Si yo puedo ayudar a alguien con algo que están pasando, bien, que es la razón por la que hice un blog de mi escritura. Ayudando a alguien pasando por una lucha similar o el desafío, es increíble para mí. Qué un regalo."

Para mi sorpresa, menos de una hora más tarde, la campaña de todos los asuntos destacados me en su página de Facebook. Se menciona en su página que reunió más de 100 nuevos lectores a mi blog en un día, que fue increíble para mí.

Aún más sorprendente, mi foto y declaración aparecieron en la página de Facebook de todos los asuntos, pero en su página web también. En la parte inferior de su página web hay un feed a su página de Facebook. Un día estaba en el mismo sitio web como tal celebridades como Dame Judy Dench, Ellen Degeneres, Hugh Jackman y Sir Paul McCartney. Sin duda es un punto increíble álgido.

Mi más sincero agradecimiento a Heathcliff Rothman y todos en Todos Asuntos para promover mi página en Facebook y para la promoción de mi blog y darme el mayor punto alto de mi carrera literaria.

"Soy Poeta" por Esperanza Habla

Nieve   29 de Noviembre, 2012

Una cosa que estoy demasiado familiarizado con es la nieve. En mi zona del país, nos podemos hacer nieve más de tres meses del año de Diciembre, Enero y Febrero. Es tan hermoso por ser el hogar interior al ver caer la nieve fuera. Pero no demasiado divertido de conducir través. Cuando estaba en la Universidad conocí a un hombre joven de Brasil que estaba aquí para aprender a inglés para un trabajo que empezaría pronto. Recuerdo que le está fascinado la primera vez que vio la nieve caída. No vi la maravilla en el. Es algo que vemos cada año aquí. Probablemente sería como me va a Australia y ver un canguro por primera vez. Me lo sería ser sorprendente-para un aussie no sería tan emocionante. Pero me tomé el tiempo para escuchar a mi amigo, a leer el poema que escribió acerca de ver nieve caer desde el cielo por primera vez. Vi la maravilla de la experiencia a través de sus ojos. Fue lo más mágico que nunca había visto.

Esta semana tuve una conversación con uno de mis amigos en línea, que vive en América del Sur. Dijo que era muy caliente donde vive; Escribí y le dijo que es el opuesto aquí. Entonces me preguntó si es nieve donde vivo. Le dije que no tenemos nieve donde vivo para otro mes. Este solicitará más discusión sobre la nieve. Mi amigo había visto la nieve en las cumbres, pero nunca había visto la nieve caída y no sabía qué nieve se sentía. Le expliqué que la nieve cae del cielo en forma de copos de nieve. Cada copo de nieve que cae es diferente. Cuando un copo de nieve cae en la piel, el calor de su piel hace la nieve derretirse. Es una sensación fría y húmeda. Luego señalé que cada copo de nieve tiene 6 puntos en él- o un múltiplo de *6 (12, 18, 24)-nunca 3 o 4 o 5. Siempre 6.*

Es muy hermoso para estar en el interior, cálido y acogedor, seguro dentro de su hogar con una taza de chocolate caliente, un gato en su regazo, al ver caer la nieve.

Saber Más   1 de Diciembre, 2012

He estado viendo un TV show aquí en los Estados Unidos con el
Reverendo Iyanla Vanzant. Es un entrenador de autor y de la vida que
tiene visión increíble. En su programa una noche, Iyanla fue ayudando
a una mujer, y la mujer leyó una definición de abuso. No abuso físico,
mental, emocional. La mujer lee en voz alta la definición. Esto es parte
de lo que leyó...

**"Formas de abuso emocional incluyen ser irrespetuosa, descortés,
grosero, condescendiente, paternalista, crítica, juicio, 'broma'
insultos, mentir, repetidamente 'olvidar' promesas y acuerdos,
traición de la confianza, 'ajuste hacia arriba'
y 'revisión' de historia."**

Cuando escuché esa cita, resonó conmigo. Era como estaba sentado en
un cuarto oscuro cuando de repente fue encendida cada luz en la
habitación, en mi casa, en el universo.

¿Resuena contigo? ¿Te ves en esta cita? O ¿ves a alguien en esta cita,
alguien que se ha comportado así contigo? Ahora, sin calumniar a
nadie, sé escuchar esta definición, que he sido abusada. Si viste tu
mismo en esta cita, por favor, obtener ayuda. Si viste a alguien que
amas o conoces en esta cita, y que han hecho esto a ti- o están
haciendo esto para ti-get de la relación ahora. Será lo más difícil que
jamás hayas tenido que hacer. Fue para mí, hasta ese momento en mi
vida. Hay otra frase que viene a la mente, de Oprah Winfrey:
"Cuando sabes mejor, haces mejor." Conozco mejor, y estoy
haciendo mejor. Voy a seguir mejor. Con esta definición de abuso
emocional, espiritual, mis ojos se abrirán.

A la primera señal de abuso, voy a ir dejando la vida de esa persona.
Ya no puedo hacerlo. Sé más. Ya no más.

Un Gracias   2 de Diciembre, 2012

Queridos amigos,

Comencé este blog en marzo de 2011 con un gracias. Ahora voy a cerrar este blog de la misma manera. Con un gracias. Esta es mi última entrada de blog en este blog. He creado un nuevo blog de mi poesía. Se llama "Letras a la Luna." El nuevo blog es altamente interactivo, que tiene una función de traducir. Puedes venir al blog y elegir su idioma. Puedes leer mi poesía, lo que tengo que decir, en tu idioma. Tendrás una experiencia de lectura verdaderamente personalizable. Mantendré este blog, por ahora, así que puedes leer las palabras de esperanza. Sin embargo, todos de mi nueva poesía estará en el nuevo blog. Una vez en el blog, la función de traducir es el lado derecho de la pantalla. Hay más de 60 idiomas para elegir. Aquí es la dirección al blog, así que puedes visitarme allí:

www.letrasalaluna.blogspot.com

También tengo un nuevo sitio Web. He estado trabajando en ella durante semanas, y está finalmente listo. Estoy muy emocionada a compartirlo contigo. Haga clic en el enlace de abajo para visitar mi nuevo sitio web:

www.esperanzahabla.com

Encontrarás enlaces, noticias y más. Espero que me acompañen en este siguiente paso en mi camino. Mi propósito no es confundir o confundir pero crear un borrón y ofrecer al lector una incluyente, personalizada experiencia de lectura. Quiero dar las gracias a mis amigos y familia y lectores de este blog. Gracias a S y C para animarme a escribir en primer lugar.

Gracias a mi querida amiga Sally por vigilarme de la Luna. Mi ángel guardian. Muchas gracias a todos por leer las Palabras de Esperanza. Por favor únase a mí en mi nuevo blog para leer las Letras a la Luna.

Bienvenidos   1 de Diciembre, 2012

Bienvenidos a mi nuevo blog de poesía-Letras a la Luna.

Llamo a mi mismo "el Poeta de la Luna", y la luna tiene una gran presencia en mi vida. Entonces, qué mejor título para un blog.

Todavía voy a escribir poesía, y todo ello ahora voy a estar aquí en este blog.

Decidí comenzar un nuevo blog para que los lectores de otros países, de otras partes del mundo podrían traducir mi trabajo a su idioma.

Hay más de 60 idiomas para elegir.

Bienvenida. Por favor, quedarse un rato.

Relájese.

Respira.

Leer mis cartas a la luna.

Disfrute.

www.letrasalaluna.blogspot.com

Letras a la Luna

3 de Diciembre, 2012

Me siento en la computadora y empiezo a escribir. No es una carta, no un monólogo. Quizás no es un poema. Tal vez una carta. Una carta a la luna.

Empecé a tener una fuerte conexión con la luna a través de un querido amigo. Él y yo éramos amigos desde lejos. Me dijo una vez:

> **"Si me extrañas, si me necesitas, mira a la luna.**
> **Estamos bajo la misma luna. Mira a la luna.**
> **Estoy esperando por ti. No estas solo."**

Cuando otro amigo verdadero querido murió, un amigo me dijo que el amigo que murió estaba en el cielo, en la luna, velando por nosotros, cuidar de nosotros, mirando hacia fuera para nosotros como un ángel de la guarda.

Ahora, cuando miro a la luna, no veo ninguno de estos amigos. Veo otro amigo, un nuevo amigo de mi creación, Luna, que me dice:

> **"Si me extrañas, si me necesitas, mira a la luna.**
> **Estamos bajo la misma luna. Mira a la luna.**
> **Estoy esperando por ti. No estas solo."**

La luna tiene un fuerte impacto en mi vida. Siento que la luna es un amigo, un compañero, una musa.

Por eso llamo a mí mismo el Poeta de la Luna.

Es por eso que escribo sus cartas.

No poemas. Letras a la luna.

Mi Voz   4 de Diciembre, 2012

Yo soy una persona que ama la música. Me fascina. Desde que era un niño pequeño, me ha gustado la música. Recuerdo una vez cuando tenía tres años de edad; que debe haber sido el Domingo de Pascua, ya que el coro cantaba el "Coro Aleluya" de "Mesías" por Georg Friedrich Händel. Era la música más hermosa que jamás había escuchado.

Entonces supe que quería ser cantante. Empecé a cantar a los tres años de edad. Canté todo a través de mis años universitarios, tanto en la iglesia y la escuela. Sin embargo, tuve un contratiempo en mi adolescencia.

Tuve que sacar las amígdalas cuando tenía 16. La recuperación de la cirugía fue muy doloroso. (Mis amígdalas hinchadas y había una gran cantidad de tejido cicatricial.) Me tomó meses para recuperarse. Aún así, nunca se me dieron mi rango de espalda, y tuvo que volver a aprender a cantar. Simplemente no era el mismo. Años más tarde me fui a ver a un especialista por mi garganta. El médico explicó que cuando se sacaron las amígdalas, el resto del tejido cicatrizado durante el proceso de curación. El médico dijo con soltura a mí:
> **"No podemos arreglarlo si no se toman la cabeza."**

Yo le respondí igual soltura:
> **"David Copperfield no lo eres."**

Mis esperanzas y sueños de convertirse en cantante profesional se desvanecieron. Yo sabía que este daño era irreparable. No había nada que pudiera hacer. Yo tendría que vivir con ello. ¿Qué es lo que haces con tu vida cuando lo único que quería hacer, su propósito de estar en este planeta ya no es una opción?

Desde que me enteré de esta noticia, dejé de cantar. Todavía puedo cantar un poco; Yo canto para mí, para mis gatitos, en la casa, en el coche, donde yo quiera. Puedo cambiar mi voz y sonar como muchos cantantes. Si yo no estoy cantando en voz alta, hay una banda sonora juega en mi cabeza.

Pensé que estaba destinado a ser un cantante. Pensé que Dios me puso en este planeta para cantar. Ya sea en la iglesia el domingo, en una sala de ensayo tranquilo, en una etapa, que no importaba. Pensé que me pusieron en esta tierra para cantar. Pero estaba equivocado.

He encontrado mi voz de nuevo, en mi escritura. No llena una iglesia con su resonancia o hacer una aplaudir multitud.

Pero tengo una voz. Es en mi poesía. Mi poesía es mi canción. Mi canción se eleva por el aire, baila entre las estrellas, vuela a la luna y de regreso.

Yo no sabía entonces lo que yo creo que sé ahora.

Todavía tengo un propósito.

No me puso en esta tierra para cantar.

Me pusieron en esta tierra para usar mi voz.

En cualquier medio que elijo.

¿Dónde estabas?   8 de Diciembre, 2012

Hay muchos eventos en nuestra historia común que parecen marcar nuestras vidas. Cuando hablamos de estos eventos, la pregunta común es: "¿Dónde estabas?" Por ejemplo:

¿Dónde estabas cuando John F. Kennedy fue asesinado?
¿Dónde estaba usted cuando usted vio el aterrizaje en la luna?
¿Dónde estabas cuando Martin Luther King Jr. fue baleado?
¿Dónde estabas cuando John Lennon fue asesinado?
¿Dónde estabas cuando la nave espacial Challenger explotó?
¿Dónde estaba usted el 11 de septiembre?

Estas preguntas y sus respuestas, nos acercan juntos. Me gustaría responder a una de estas preguntas ahora. Me acuerdo de este evento. Yo tenía ocho años de edad; uno de mis primos acababa de morir. Viajamos a otro estado para su funeral. Fue en un día muy frío diciembre.

Después del funeral todos nos dirigimos fuera de la iglesia y esperamos por su ataúd para salir de la iglesia. Nos pusimos de pie en una línea, mi familia y yo, en el frío de congelación. Yo estaba de pie al lado de mi madre. Los adultos hablaban entre sí; Me quedé en silencio. Luego recuerdo haber oído a alguien decir:

"¿Has oído John Lennon fue asesinado?"

Un suspiro audible se levantó de la gente al alcance del oído. Me quedé allí confundido.

"¿Mamá? ¿Quién es John Lennon?"

"Él es un Beatle querida."

"Oh ....? ¿Cuál es un Beatle?"

Después me dijeron que los Beatles fue el nombre de un grupo de rock de la década de 1960. Yo sólo había oído el nombre de John Lennon una vez. Yo no sabía quién era, que los Beatles eran, lo que John Lennon parecía o sonaba. Yo no sabía que era la mitad del equipo de compositores más influyentes de la historia.

No sabía que los Beatles eran el grupo musical más popular del planeta, o que se había roto dos años antes de que yo naciera. Yo ni siquiera sabía cómo había muerto John Lennon. Pero yo sabía que a partir de ese grito que oí que algo importante había sucedido ese día, y que una persona importante se había ido.

Desde ese día, empecé a tratar de obtener más información sobre los Beatles. En los días previos a la Internet o CD o reproductores de mp3, me fui a mi biblioteca local y leer acerca de ellos. La primera vez que escuché la música de los Beatles, yo no sabía que eran ellos. Mis hermanas tenían algunos de sus discos, y empecé a escucharlos.

Al crecer, yo entonces sabía que el cuarteto de Liverpool por su nombre. Mientras que otros niños de mi edad estaban escuchando a Pink Floyd y INXS, estaba escuchando el Sargento Pepper.

Hoy es el aniversario del asesinato de John Lennon. Su asesinato fue un evento verdaderamente trágico que reverberó a través del universo. Estoy muy agradecido por el legado musical que creó y por su mensaje de paz. Creo que hoy el mundo todavía necesita escuchar ese mensaje. El mundo aún te extraña John.

El Panorama

Finalmente 11 de Diciembre, 2012

He querido hacer algo por mes, tienen mi propio sitio web. Me discutiendo si debe o no comprar un nombre de dominio. No estaba seguro de que al comprar uno de, cuánto costaría, si yo iba a necesitar alojamiento web, y muchos otros factores. Yo sabía que quería construir un sitio web, pero no sabía cómo. Era como si tuviera planos de un arquitecto en frente de mí, y todo lo que tenía que trabajar con era un ladrillo.

En los últimos meses he estado investigando cómo construir un sitio web y cómo comprar un nombre de dominio. He comprado un nombre de dominio en noviembre. Entonces construí un sitio web para trabajar con el nombre de dominio. Pasaron las semanas sin éxito. Soy una persona conocedores de la tecnología, pero esto fue por encima de mi conjunto de habilidades. Busqué la ayuda de amigos aquí en los EE.UU. y de un amigo en Francia. Nada funcionó.

Entonces me decidí a probar otra cosa. Y lo creas o no, funcionó !!!!!!! Ahora soy el orgulloso propietario de mi propio sitio web. Contiene el enlace a este blog, mi mayor blog de poesía, "Las Palabras de la Esperanza", así como enlaces a mi perfil en Facebook, tableros de Pinterest y más.

Por favor, venir y visitar mi nuevo sitio web. Todos son bienvenidos.

www.esperanzahabla.com

Ya es Suficiente

14 de Diciembre, 2012

Hace unos meses participé en los 100 Mil Poetas por el Cambio. Tuve muchos temas para elegir. Decidí escribir sobre el control de armas. Ha habido varias masacres de este año en los Estados Unidos los seres humanos que tiran los demás seres humanos. Hoy en Connecticut dos hombres entraron a la escuela y comenzó a disparar. A esta hora, hay 26 muertos, 18 de los muertos son niños. Los niños que iban a la escuela para obtener una educación, no para morir. La violencia tiene que parar. Estamos mejor que esto. Ahora comparto con ustedes el poema que escribí para el día de cambio: "Ya es Suficiente."

Ya es Suficiente

Volver el 20 de julio en Colorado personas fueron a la proyección de medianoche de la última película de Hollywood para golpear la pantalla grande. Fueron allí a ver la película, pasar un buen rato. A los pocos minutos la película un hombre armado entró en la sala de cine a oscuras y comenzaron a disparar contra la gente en el teatro. 57 personas resultaron heridas, 12 personas murieron. El pistolero tenía 3 pistolas con él en el teatro y otra arma en su coche. El pistolero, antidisturbios, máscara de gas, chaleco antibalas, fue detenido, e hizo un comentario sobre alberga. Más tarde se descubrió que ser atrapado piquero para asegurar la lesión o muerte de cualquier persona que entra a su residencia. Él había comprado varios cientos de rondas de municiones en las semanas previas al evento. Su más joven víctima de asesinato era una niña de 6 años de edad. Ha sido acusado de 24 cargos de asesinato en primer grado y 116 cargos de intento de asesinato.

El 5 de agosto, 16 días más tarde, se produjo un tiroteo en un templo sij en Wisconsin. Llegaron al templo para la adoración. 6 personas murieron, muchos heridos. El pistolero fue muerto por la policía.

El Panorama

Sólo unos días después, en el Empire State Building en Nueva York, un hombre armado mató a un compañero de trabajo de su ex, e hirió a 9 personas. El pistolero fue muerto por la policía.

Estos actos fueron perpetrados por hombres enfermos mentales, criminales insanos, profundamente perturbados. (Estoy seguro de que algunas otras palabras descriptivas se pueden insertar en esa frase.) Yo no sé ustedes, pero yo estoy cansado sobre oír hablar de tiroteos que han sucedido en el noticiero de la noche.

La Segunda Enmienda de la Constitución de Estados Unidos establece: "Una milicia bien regulada es necesaria para la seguridad de un Estado libre, el derecho del pueblo a poseer y portar armas no será infringido" A mi entender, la segunda enmienda da a un individuo el derecho a poseer un arma para proteger a usted, su familia, su hogar, si así lo desea. También le da el derecho a poseer un arma para buscar comida para alimentar a su familia.

Creo en este derecho, y si usted eligió para poseer un arma de fuego, yo respeto su derecho a hacerlo. Pero hay que reconocer que esta enmienda no da a nadie que el permiso para disparar a la gente a sangre fría.

Las personas están siendo asesinadas en nuestro país, en todo el mundo, todos los días. ¿Cuándo va a ser suficiente? Necesitamos un mejor control de armas en este país. Como país, como pueblo, como ciudadanos del mundo, estamos mejor que esto. No tengo las respuestas, no tengo las soluciones. No tengo una fórmula mágica para resolver este problema. Sin embargo yo creo que necesitamos un diálogo abierto en este país, en el mundo entero, para asegurarse de que no se tomarán más vidas inocentes. Tenemos que detener la matanza.

Ya es suficiente.

Es la Temporada   18 de Diciembre, 2012

Navidad está a la vuelta de la esquina.

Las personas están estresadas, las tensiones son muy altas.

Yo trabajo en el servicio al cliente, por lo que te puedo decir esto de primera mano.

La gente está gritando el uno al otro, los ánimos son cortos.

Los malentendidos se convierten en partidos gritando, interacciones simples se convierten en los incidentes.

En la temporada de paz y amor, muchas veces resulta ser todo lo contrario.

Si usted se encuentra estresado, tome un momento.

Relájese. Respira. Cuenta hasta diez.

Ir tiene un momento para ti mismo.

Beba una taza de chocolate caliente.

Sea lo que se necesita para conseguir que en una mentalidad pacífica, lo hace.

Entonces interactuar con el mundo. Se le alegra que usted lo hizo.

Trate de mantener el significado de la temporada en la cabeza si no en su corazón, que es una temporada del amor.

Juicio   19 de Diciembre, 2012

Hoy me sorprendí a mí mismo hacer un juicio. Eso no es algo que me
gusta admitir. No es un buen color en mí. O nadie. Hoy escuché a
alguien hablando de la forma en que fueron a un establecimiento local,
y sería condescendiente este establecimiento durante las vacaciones.
Me dije a mí mismo acerca de lo que esa persona había dicho.

"¿Por qué iba a hacer eso?
¿No sabe que las políticas corporativas
de ese establecimiento son homofóbico?
¿Cómo iba a patrocinar ese establecimiento?"

Fue entonces cuando me sorprendí a mí mismo hacer un juicio.
Yo no soy racista, no soy homofóbico. No juzgo a nadie de su tamaño,
color de piel, orientación sexual, alineamientos políticos, la religión o
la falta de ella. Pero, naturalmente, hay algunas cosas que suceden en
el mundo que no estoy de acuerdo con. Cuando me enteré de que esa
persona haga esa declaración, no se hacen inmorales, yo sólo no
sucedió de acuerdo con su elección de condescendiente ese
establecimiento. Así que sí, juzgué alguien. No estoy orgulloso de
ello. ¿Eso me hace una persona horrible? No. Me hace humano. Somos
seres humanos y juzgamos. Nos guste o no, juzgamos. Juzgamos unos
a otros todo el tiempo:

"Mírala comer. Ella es tan gordo." "Ese peinado es tan gay."
"Eso fue tan retrasado." "Tienen que aprender a hablar Inglés."
"Ella es tan delgada. Apuesto a que va a casa y vomita su cena."

Hacemos juicios sobre cómo se visten las personas, peinado de la
gente, su comportamiento, cualquier número de cosas. Por desgracia,
con más frecuencia que eso, nos volvemos estos juicios hacia el
interior, en nosotros mismos. Nuestros juicios no sirven ningún
propósito. Ahora que soy consciente de ello, me doy cuenta de que
tengo trabajo que hacer en desterrar todos los juicios. Al igual que el
resto de nosotros. Después de todo, todo el mundo que importa.

Escribir un Libro   27 de Diciembre, 2012

Escribir un libro parece la cosa más fácil del mundo. "Estoy escribiendo un libro." Tal cosa fácil de decir. No es una cosa fácil de hacer realidad. Además de publicar mi poesía en 2013 Estoy escribiendo un libro. Espero tenerlo terminado para estas fechas el año que viene y tenerlo listo para vender en 2014. Estoy descubriendo que la escritura de un libro no es la cosa más fácil del mundo. De hecho, para mí, me resulta muy difícil. Sé que la historia que quiero contar: "Chica encuentra al muchacho, chico conoce a chica, chico cambia la vida de la niña para siempre." Sin embargo en realidad contando la historia está demostrando ser una tarea tediosa. Nunca he escrito un libro antes, y nunca he escrito una historia antes. Conozco la historia, sé lo que quiero decir, yo sé lo que quiero transmitir. Pero en realidad ir del punto A al punto B es un verdadero desafío. Me encuentro perderse en el diálogo. Puede ser muy confinamiento y tedioso. También me parece que los amigos de cada escritor, "Crítica" y "Duda" se encuentran en cada esquina. Sólo tengo que contar la historia. Voy a criticarla y limpiarlo después de que se escribe. Si me sale este hecho, si escribo el libro, contar la historia que quería contar y publicarlo, será el logro más desalentadora de mi carrera literaria. Como un buen amigo me dijo: "No importa cuando termine el libro, simplemente terminarlo."

> **"No hay nada que escribir. Todo lo que hacen es
> sentarse abajo en una máquina de escribir
> y sangrar."
> -Ernest Hemingway**

Lecciónes de 2012   30 de Diciembre, 2012

Con la llegada de un nuevo año, es común pensar de nuevo en el último año, lo que hemos experimentado, lo que hemos pasado, lo que aguantamos, lo que hemos sobrevivido, lo que hemos aprendido. He aprendido muchas cosas este año. Aquí es algo de lo que he aprendido:

Aprendí eso:
>   Es divertido pensar y soñar con el próximo año, y todos los
>   que depara el futuro
>   Es divertido para obtener su nombre mencionado en la radio
>   Quiero otra oportunidad para celebrar mi cumpleaños muy
>   importante. Quiero hacerlo todo de nuevo, en una ciudad
>   extranjera.
>   Pinterest es impresionante!
>   Aunque me gusta el deporte, me encantó ver los Juegos
>   Olímpicos
>   Soy adicto a una determinada bebida caramelo en una
>   cadena internacional de café
>   No es el fin del mundo si no consigue el trabajo. No estaba
>   destinado a ser. Algo mejor está esperando.
>   Tengo la capacidad de ser desinteresada
>   Podía ser compasivo para ayudar a una mascota querida de
>   su miseria
>   Yo podría estar allí con mi mascota como su alma dejó esta
>   Tierra
>   No es una estrella más en el cielo
>   Debemos mantener nuestras expectativas de los demás bajos.
>   Si las personas no hacen lo que prometieron, no podemos
>   estar decepcionados.
>   Lo que depara el futuro, todo depende de mí
>   Quiero la libre publicación de mi poesía y el libro
>   Quiero crear mi propia editorial
>   Nada incondicional no existe

Si algo parece demasiado bueno para ser verdad,
   probablemente lo es
He creciente intolerancia e impaciencia por la deshonestidad
   y la mentira
Las mentiras traducir a cualquier idioma
La verdad duele más cuando es después de una mentira
Puedo sobrevivir ser herido y públicamente humillado por
   mi "mejor amigo"
Puedo sobrevivir lo que se hizo para mí a propósito
Puedo caminar lejos de mi "mejor amigo"
Si alguien jura que nunca te hará daño, estar listo. Ellos van
   a.
Cualquiera que me tratan como que no es un verdadero
   amigo
Los juegos son cosas mejor juega en un tablero, no con vida
   de las personas
Prefiero estar solo que se abusa y jugó
sólo podemos conocer a alguien por lo que optaron por
   mostrarnos
Las palabras pueden ser cosas pesadas, como las rocas. Pueden
estar lleno de sentimiento y amor y significado.
Las palabras pueden ser las cosas ligeras, como las plumas
   flotando en el viento. Pueden estar vacío, desprovisto de
   cualquier sentimiento o el amor o el significado
La frase "te amo" debe utilizarse con moderación. Sólo hay
   que decir si y cuando es realmente significaba.
Yo no soy la misma persona que estaba en el comienzo del
   año
Nadie más puede tener mi poder
Cuando usted sabe mejor lo hagas mejor que sé más
Yo soy el guardián de la llave de mi corazón
Puedo volar de nuevo
Puedo ver la imagen más grande
Para seguir adelante tengo que perdonar
Es muy difícil perdonar a alguien que no lo merece.

Esa persona no merece mi perdón. Pero yo si.
Como viejas amistades mueren, nacen otros nuevos
Dos pequeños gatitos pueden traer tanta luz y amor en su
    vida
Todo el mundo que importa
Es increíble que se ofrecerá en el mismo sitio web como un
    Beatle
Prefiero ser una ballena de una sirena
Estoy cansado de oír hablar de masacres debido a la
    violencia armada en los EE.UU.. El control de armas que se
    necesita ahora. Somos mejores que esto. Ya es suficiente.
Yo ya no juego para una audiencia de una
El cambio puede ser una buena cosa
leyendas Música mueren. Su música ha cambiado nuestras
    vidas, nuestro mundo, para siempre. Y la vida sigue.
Se nos ha dado una página en blanco para escribir nuestras
    historias todos los días
Somos los autores de nuestras propias historias
Soy un artista
Todavía tengo una voz
Estoy bella si me dices que soy o no
Hay una comunidad maravillosa y acogedora de silencio
La construcción de un sitio web y la transferencia de un
    nombre de dominio no es tan fácil como 1-2-3
Escribir un libro no es la tarea más fácil que se esfuerce
Tengo un sistema de apoyo increíble de familiares y amigos que
están ahí para mí durante todo el éxito
Tengo reservas de fuerza que no sabía que tenía

El año pasado estuvo lleno de altibajos, muchos desafíos, euforia y
devastación, risas y dolores de cabeza. Pero he crecido y sobrevivido.
Yo soy más fuerte que nunca. Estoy volando de nuevo. Mis alas son
curativas y son cada vez más fuerte que nunca. Se siente bien sentir el
viento bajo mis alas. Sólo mírame volar.

Mi Historia   4 de Enero, 2013

Empecé este blog hace un mes. Pensé que podría ser un buen momento para hablar de cómo llegué aquí. Mi seudónimo es Esperanza Habla. Esta no es mi verdadero nombre. Soy un americano y yo trabajo en una biblioteca. Como me convertí en activo en los medios sociales, comencé a adquirir amigos en diferentes países, varios de los cuales hablaban español.

Entonces me decidí a enseñar a mí mismo español, para comunicarse con estos amigos y fortalecer mis conocimientos de idiomas. (Que había tomado algo de español en la escuela y recordado algo de vocabulario, pero muy poco más.)

Alrededor del mismo tiempo, un grupo de estos amigos me animó a utilizar la poesía de expresarme, lo que estaba pensando y sintiendo. Compartí mi escritura con estos amigos, en Inglés. Luego compartí la escritura con más amigos-amigos que sólo hablaban español. Continué perfeccionar mis habilidades en español a través de mi escritura.

Cuanto más he compartido mi escritura con este grupo central de los amigos, la retroalimentación más positiva que tengo. Animaron a que continúe por escrito y de no parar. Pronto me encontré con muchos poemas que había escrito. Entonces me decidí a crear un blog.

Todavía estaba muy inseguro en mi escritura y no podía escribir con mi nombre real. Me decidí por Esperanza Habla porque, traducido al Inglés, significa "Hope Speaks." Creo que la esperanza de hablar. Y ciertamente tengo mucho que decir. En marzo de 2011 creé el blog, las "Palabras de Esperanza." Es un blog bilingüe, con poemas en Inglés y Español. Ha sido un gran éxito, atrayendo a más de 6.000 lectores en más de 20 países.

www.esperanzahabla.blogspot.com

El Panorama

Como he mencionado antes, puse en marcha este blog el 1 de diciembre empecé este blog para expandir mi poesía a nuevos lectores. La gente puede venir a este blog y elegir su idioma. El blog se traduce a su idioma.

Hay más de 60 idiomas para elegir. Hasta la fecha he tenido más de 1.400 visitantes. Yo quería un exitoso lanzamiento de este blog, y lo conseguí. Todos son bienvenidos y no hay barreras de lenguaje, o barreras de cualquier tipo.

Otro aspecto de mi español aprendizaje ha sido una nueva carrera como traductor. He traducido las obras escritas del español y el castellano en Inglés para los autores de todo el mundo. Pronto voy a empezar un nuevo proyecto de traducción en francés.

En el transcurso de mi crecimiento como escritor, un amigo señalado que mi escritura tiene, y que tengo, una cualidad "indigo." Yo no entendía lo que esa persona quería decir. Miré los rasgos de ser "indigo." Los rasgos de ser una persona índigo significa que son:

sabio, perspicaz, espiritualmente conscientes, intuitiva, perceptiva, devoto, justo, equitativo, responsable, y dedicado a la verdad.

Al principio pensé que esta persona estaba loco para decir esto a mí; No me veo a mí mismo como el añil en absoluto. Ahora me identifico fuertemente a mí mismo con ser añil. Ha sido mi color favorito desde hace algún tiempo, ahora sé por qué. Yo soy un poeta añil.

La otra calidad de mi escrito, o de mi carrera literaria, es la luna. Tengo un fuerte lazo a la luna. Comparto esta eliminatoria con mis amigos en el extranjero. Como una vez escribí en este blog, un amigo me dijo una vez:

**"Si me extrañas, si me necesitas, mira a la luna.
Estamos bajo la misma luna. Mira a la luna.
Estoy esperando por ti. No estás solo."**

La luna es un amigo, una inspiración, un compañero constante.

El nuevo año ha llegado y tengo muchas cosas que quiero lograr.

Quiero crear mi propia empresa editorial.

Quiero también publicar dos libros de mi poesía hasta la fecha: "Soy Esperanza" y "Solo Mi."

El mundo es muy abierto. Todo lo que puedo soñar que puedo lograr.

Quiero agradecer a los amigos, A, C, L, S para la lectura de mis primeros escritos y animarme a escribir más. Sin su ánimo no sería un escritor hoy. Yo no sería la mujer, la persona que soy hoy.

Gracias a todos mis amigos y familiares para que su aliento interminable.

Gracias también a todos mis lectores. Estoy agradecido por su apoyo a mi trabajo.

Yo soy un poeta añil. Yo soy el poeta de la luna. Yo soy el poeta añil de la luna.

Escribo cuando llegue la inspiración.

Cada vez que escucho la musa.

Así que esa es mi historia. ¿Lo que es tuyo?

Gafas Coloreado Añil   4 de Enero, 2013

Hay una expresión aquí en los EE.UU. para mirar algo "a través de gafas de color de rosa."

Esto significa que una persona está buscando las cosas de una manera positiva, o ver las cosas de una manera que sea contraria a la realidad, ya sea positivo o negativo.

Tengo un conjunto diferente de las gafas.

Mis gafas no son de color rosa, son añil.

Yo soy un poeta añil, una persona añil, así que tiene sentido que tendría vasos índigo.

Para mí, mis gafas índigo me dan claridad.

Me doy cuenta de que existen, ya que me pasa.

Las cosas que veo pensamientos se convierten en que se arremolinan en mi cabeza durante días, con el tiempo de venir a descansar en la forma de un poema.

Recibí mis gafas de color índigo hace algún tiempo.

Con estas gafas tengo una visión mucho más clara.

Veo el mundo, a mí mismo en el mundo, las más grandes vistas, los detalles más pequeños.

Veo las cosas como son. Desde mi verdad.

Mi realidad. A través de mis gafas de color añil.

Encuentros y Despedidas   5 de Enero, 2013

Tuve un fantasma de mi pasado me escriba una nota, el otro día.
Yo sabía que esta persona me iba a escribir. No me preguntes cómo.
Yo sabía que esta persona me iba a escribir. Me alegro de que esta
persona me escribió. Se me confirmó que, a pesar de que estaba
terriblemente doloroso, nuestra amistad que termina fue lo mejor y
absolutamente lo correcto. Han pasado meses; Puedo ver su lado de las
cosas, y creo que ahora pueden ver la mía. Pero, de nuevo, mis no ser
amigos con esta persona es lo mejor. Estas personas se llaman
fantasmas de nuestro pasado por una razón, porque al final de la
amistad, relación, asociación, puede perseguirnos. Es así para todos
nosotros, los amigos vienen y salen de nuestras vidas en la caída del
sombrero. La gente transfiere escuelas, cambiar de trabajo, toque
perder, a pie a propósito, y, a veces, por desgracia, mueren. Las
personas en su vida ahora, ellos están en tu vida por una razón. Ellos te
enseñan algo, mostrando algo que el universo necesita para que usted
sepa. Del mismo modo que también les está enseñando algo,
mostrándoles algo que necesitan saber. Estos amigos y amantes son en
su vida durante un tiempo determinado. Las personas que no están en
su vida nunca más, hay una razón para ello. Usted les enseñó todo lo
que necesitaban saber. Y lo hicieron lo mismo para usted. El final de
una amistad o relación puede ser muy doloroso. En tiempos como
estos, es prudente tomar su tiempo y recuperarse de la experiencia.
Mira las cosas buenas que sucedieron desde la amistad. Aprender a
mirar el cuadro más grande. Escuche el universo. Aprender las
lecciones que la experiencia le enseñó. Ore para que la otra persona
aprendió las lecciones que estaban destinados a aprender. Comience el
proceso de lenta y agonizante del perdón. Había una razón por la que
ustedes dos se reunieron. Y hay una razón por la que todo ha
terminado.

**"La vida está hecha de encuentros y despedidas.
Esa es la forma de la misma. "
- Kermit la Rana-"Cuento de Navidad de los Muppets"**

51

¿Qué hay de nuevo?   10 de Enero, 2013

He tenido muchas personas me preguntan desde el año nuevo, "¿Qué está pasando? ¿En qué estás trabajando? ¿Qué hay de nuevo? " Bueno, mi respuesta es "Mucho."

Estoy trabajando en el establecimiento de mi propio negocio editorial. Esto significa papeleo presentación ante mi estado para comenzar mi negocio, la presentación de la documentación en el Servicio de Impuestos Internos, etc.

También tengo que comprar un apartado de correos para mi nuevo negocio. También he empezado a hablar con los artistas gráficos que me ayude a diseñar un logotipo para mi compañía.

También tengo que programar una sesión de fotos para el "autor tiro" en la parte posterior del libro. Entonces tengo que comprar un nombre de dominio y construir otro sitio web para mi negocio.

Después de establecer mi empresa, voy a trabajar en la publicación de mis libros de poesía. Tengo cuatro en total; que se titulan:
"Soy Esperanza" y **"Solo Mi."**

Me gustaría publicar estos en Español y Inglés, tanto en formato de libro electrónico y de impresión.

Necesito conseguir algunos números ISBN (International Standard Book Number), que corren $ 125 cada uno. También podría obtener algunas LCCNs (Número de la Publicación de Biblioteca del Congreso), por lo que las bibliotecas pueden añadir mis libros a su colección. Aquellos afortunadamente son gratuitos.

Actualmente estoy trabajando en el formato de mis libros de poesía. He descargado un programa de software muy agradable de forma gratuita; Estoy añadiendo el texto y el formato de las palabras en la página, y la adición de imágenes para el libro aquí y allá. Comencé este paso del proceso de anoche. El software que estoy utilizando es divertido trabajar con él. El programa es muy de mi conjunto de habilidades y algo que pueda usar con gran facilidad.

Las cosas se están uniendo.

Parece que hay un millón de cosas que tengo que hacer. (Y mil dólares que tendrán que pagar.)

Pero esto vendrá con el tiempo.

Y tengo un montón de tiempo para conseguir que se hagan.

Dicen que cada viaje comienza con un paso.

Tengo que gatear antes de que puedo caminar.

Pequeños pasos.

Entonces, ¿qué hay de nuevo lo preguntas?

No mucho.

¿Usted?

Viejos Amigos   15 de Enero, 2013

Además de mi poesía, también estoy escribiendo mi primera novela-"Samantha." Se trata de la habitual cosa- "chica conoce chico, chico conoce a chica, chico cambia su vida para siempre."

He estado trabajando en el formato de mi poesía para vender, y la creación de mi nuevo negocio, y escribiendo poesía. No he escrito nada para el libro en casi un mes. Hasta ayer.

Fue extraño al principio, que se remonta a la historia, la búsqueda de la escena, recordando lo que yo quería que se produzca en la escena. A los pocos minutos, estaba de vuelta a la historia y escribir con facilidad. Se sentía bien volver, a ser creativos, para contar esta historia, para reunirse con estos personajes de nuevo.

Esto puede ser algo único, algo que sólo los escritores experiencia. Para aquellos que no escriben, esto puede ser un concepto difícil de comprender por qué se sentiría bien estar de vuelta entre estos personajes que usted mismo ha creado. Sólo puedo compararlo a visitar sus antiguos vecindarios experimentar las diferentes vistas y sonidos, que se remonta a un restaurante que solía ir y tener su comida favorita. O, al oír una canción que había olvidado en la radio; al oír de nuevo te transporta a un tiempo específico y lugar o evento de la vida.

Es una sensación de lo familiar, de la comodidad. Al igual que reunirse con viejos amigos.

Agradecimientos   17 de Enero, 2013

Una de las cosas que nosotros como seres humanos necesitamos para trabajar, tienen que adquirir la habilidad de, es la gratitud. He visto algunos videos de inspiración últimamente, hablando del concepto de gratitud y cómo tenemos que estar agradecidos por lo que tenemos.

Pensé en esto, y estoy agradecido por lo que tengo. Tengo un trabajo, soy capaz de pagar mis cuentas y tener un poco de dinero de sobra, tengo mi propia casa, un vehículo, dos gatitos adorables, mi salud, comodidades modernas en mi casa-electricidad, agua corriente, wifi, un grupo de fieles amigos y una familia que me ama. Pero, eso no es todo lo que estoy agradecido. También estoy agradecido por algunas cosas que yo no tengo.

Esto puede ser un concepto extraño. Piensa en ello, hay tantas cosas que nosotros tenemos, y debemos estar agradecidos. Pero también hay cosas en nuestra vida que no tenemos. Debemos estar agradecidos por esas cosas también. Por ejemplo:

Yo no vivo en una parte del mundo donde el agua no está disponible para mí. No tengo una hipoteca paralizante. Yo no vivo en una zona peligrosa. Mi casa no fue arrastrado en un huracán. No estoy en una relación abusiva, física o espiritualmente. Yo no tengo gente en mi vida que son insolidarios de mí. Yo no vivo en el miedo.

Cuando estoy solo, en la soledad de pensamiento, cuando pienso en lo que estoy agradecido, pienso en todas las bendiciones en mi vida, las cosas que tengo, y, como igualmente importantes, las cosas que no hago.

Historia Viva   21 de Enero, 2013

Hoy en Estados Unidos se celebra la vida y obra del Dr. Martin Luther King Jr. Este es siempre un día para sentarse y reflexionar sobre su vida, su trabajo. El país es ahora un lugar totalmente diferente. Eso es en gran medida gracias a él. Él es la prueba de que una persona puede hacer la diferencia. Hoy es también significativo por otra razón, el presidente Barack Obama está teniendo su segunda toma de posesión. En el día nacional de reconocer el Dr. Martin Luther King Jr. Este es un día increíble en mi país. Durante la primera toma de posesión de Obama, me conmovió profundamente. Por primera vez en mi vida, me sentí orgulloso de ser estadounidense. Nosotros, como nación habíamos elegido la mejor persona para el trabajo. Por primera vez en la historia, la persona que elegimos presidente era una persona de color. Me llené de orgullo como un americano. Parecía que las palabras del Dr. King, la visión, se habían hecho realidad :

"Yo tengo un sueño que mis cuatro hijos vivirán un día en una nación donde no serán juzgados por el color de su piel, sino por el contenido de su carácter."
- Martin Luther King, Jr.

El significado de este día no se me escapa. No debe perderse de nadie. Si Obama había perdido las últimas elecciones, sí, estaríamos jurando alguien más en la oficina. Pero no lo hizo.

Y este día no llevaría a la inmensa importancia que lo hace. Si usted vive en los EE.UU., tome un momento hoy. Tómese un momento para reflexionar dónde estábamos hace apenas décadas. Piensa en lo lejos que hemos llegado en ese momento, como pueblo y como país, en los aspectos del racismo, la pobreza, la vivienda, el derecho a voto. Piense en cuánto más tenemos que ir.

Oda a la Inspiración   29 de Enero, 2013

Hablé con un amigo en línea la semana pasada; esta persona es un artista y un escritor. Le pregunté cómo había sido, me dijo que había estado bien. Le pregunté cómo su festival de teatro se había ido en el último mes, dijo que fue muy bien. Entonces le pregunté si él había escrito nada recientemente. Él respondió: "No, la inspiración no ha llegado todavía." Entiendo totalmente esa sensación. No se puede escribir sobre algo cuando no estás inspirado. En el pasado, tengo escritores conocidos que pueden sentarse y escribir durante 8 horas al día. Yo no trabajo de esa manera. Yo soy como mi amigo, tengo que escribir cuando llegue la inspiración. Le dije a mi amigo:

"La inspiración es como el amor.
No se puede mirar por ella, se va a encontrar."

Entonces empecé a pensar en la inspiración, y acerca de la escritura. Entonces se me ocurrió que, con algunas excepciones, cada pieza de música que hemos escuchado nunca fue escrito. Cada pieza de dialogamos testigo en una obra fue escrita. Cada matiz de movimiento en el escenario se ha escrito. Si estas cosas no fueron escritos, habrían llevado a cabo de una vez perdido para siempre. Pensé en la historia de la musa, la leyenda de los nueve hermanas griegas que inspiran a artistas de muchas variedades. No sé si tengo una musa que susurra en mi oído, y me da pensamientos que se convierten en poesía o no. La inspiración en sí puede ser la musa.

La inspiración es como una hermosa mariposa. Usted puede perseguir con toda la fuerza que tienes; más probable es que va a volar lejos de ti. Pero si te sientas en silencio, la mariposa se, más a menudo que no, usted encontrará. Si estoy en silencio en este blog, no es a propósito, y no porque yo quiero ser. Es porque estoy esperando a la musa para susurrar en mi oído, a la espera de la mariposa para encontrarme.

Actos de Bondad   31 de Enero, 2013

Tantas cosas suceden estos días que a menudo no se toman el tiempo para notar las pequeñas cosas. Las pequeñas cosas que la gente hace por los demás. Recogiendo algo y entregárselo a la persona que lo dejó caer. Dejando la puerta abierta a una persona cuando vas a salir de una tienda. Detener a preguntar si una persona está bien después de una caída. Estas acciones se llaman a menudo "Random Acts of Kindness."

Estos actos de bondad son un tema recurrente en los Estados Unidos en estos días. Ha habido tanta violencia armada en el último año en este país, tanto carnicería innecesaria, que la gente está tomando tiempo para detenerse, observar las pequeñas cosas que les rodea, y estar agradecidos por sus bendiciones.

En diciembre del año pasado, hubo un tiroteo masivo en una escuela primaria en el estado de Connecticut en los Estados Unidos. 26 personas murieron en la masacre. 20 de los muertos eran niños. Como parte de la raíz de los disparos, la gente alrededor de los EE.UU. fueron animando a la gente para llevar a cabo 26 actos de bondad al azar, uno por cada persona que murió ese trágico día. Estoy de acuerdo en que los actos de bondad son cosas maravillosas. Pero ellos no tienen que ser al azar.

He venido con un plan para mis actos de bondad. Hay tantas organizaciones en los EE.UU., en todo el mundo, que hacen actos de bondad para el mayor bien, todos los días del año. Mi plan es apoyar algunas de esas organizaciones. Por cada mes de este año, voy a donar a una organización benéfica. Voy a donar una pequeña cantidad-solo $10.00. Es una cantidad modesta, que no se agotará cualquiera de mis recursos monetarios, sino que ayudar a muchas personas.

Yo ya he hecho mi primer acto de bondad de este año. He comprado productos de una empresa de comercio justo. La Organización de Comercio Justo define un Comercio Justo como "**... una relación de**

intercambio comercial basada en el diálogo, la transparencia y el respeto, que busca una mayor equidad en el comercio internacional. Contribuye al desarrollo sostenible ofreciendo mejores condiciones comerciales y asegurando los derechos de productores y trabajadores marginados - especialmente en el Sur.
Organizaciones de Comercio Justo, apoyadas por   los consumidores, están activamente comprometidas   en apoyar a los productores, la conciencia de fondos y en la campaña de los cambios en las reglas y prácticas del comercio internacional convencional. "
© Organización Mundial del Comercio Justo
www.wfto.com/

Los productos que compré fueron hechas por artesanos en Tailandia, en un pueblo de más de 400 personas. Mi compra anima aún más el comercio justo, y ayuda a dar a estos artesanos un salario digno y una vida mejor. Todo lo de la compra de un producto de una empresa de comercio justo. La compañía he comprado los productos de tenía una variedad de productos a partir de un gran número de países de todo el mundo.

Ese es mi plan, mi acto de bondad. Voy a donar $ 10 al mes a una organización benéfica que yo creo, que hace un bien mayor para nuestro planeta y para los otros.

¿Y qué me dices de ti? ¿Como puedes ayudar? ¿Qué puede aportar al mundo? ¿Cuál será su acto de bondad ser?

El Perdón   7 de Febrero, 2013

He estado pensando mucho últimamente sobre el concepto de perdón. He oído muchas citas sobre el perdón. La gente siempre dice, "Perdona y olvida." "Sé rápido para perdonar." "Errar es humano; perdonar, divino."

Hay muchos símbolos del perdón de todo el mundo, incluyendo el cáliz, la paloma, la rama de olivo, una vela, la cruz cristiana. Mi favorita símbolo del perdón es la pluma.

¿Alguna vez has mirado a una pluma? Realmente mirado una pluma? Hay tantas complejidades y complejidades en una sola pluma-tallo, las venas, la textura, el tamaño y forma, los muchos matices de color. Para mí, la pluma es el símbolo perfecto del perdón. Como muchas complejidades que hay en una sola pluma, hay que muchas complejidades a perdón.

El acto de perdón es más fácil decirlo que hacerlo. Me acuerdo de una cita que escuché recientemente de C.S. Lewis:

"Todo el mundo dice el perdón es una idea encantadora, hasta que tengan algo que perdonar."

En nuestras vidas todos hemos duele, tiene dolor, han sido devastadas por alguien, tal vez incluso violado por alguien. Creo que el más profundo es el dolor, el más largo es el proceso de perdón toma.

El perdón es especialmente difícil cuando la persona no ha mostrado ningún remordimiento por su comportamiento, no han pedido perdón por sus acciones, cuando sentimos que no merecen ser perdonados. Sin embargo, tenemos que pensar en nosotros mismos también, no sólo la persona que nos traicionaron. Tenemos que elegir a perdonarnos a nosotros mismos también, por dejar que esa persona nos hacen daño.

Cuando alguien nos lastima, nos causa dolor, se aprovecha de nosotros, tenemos una opción de perdonar. Tenemos una opción para dejar ir y seguir adelante. Tenemos una opción de perdonar a la persona que nos ha hecho daño. También tenemos la opción de perdonar a los hechos que se hicieron a nosotros. Podemos perdonar a la persona que nos hizo daño y no lo hicieron. Del mismo modo podemos perdonar lo que esa persona hizo para nosotros y nunca perdonarlos.

El acto de perdón es a menudo visto como excusar el comportamiento de la persona que le traicionaron o te haga daño. En realidad, el perdón es realmente un regalo a sí mismo. Estás dejando de lado el dolor, el dolor, de seguir adelante, y la obtención de la paz.

El acto de perdón es una elección. Se necesita tiempo para sanar. Vas a sentir cómo se siente hasta que dejes de sentir de esa manera. Usted no puede apresurarse, no puede apresurarse a lo largo, no se puede ignorar. Estar abierto a la elección del perdón, ya sea para la persona o lo que te hicieron.

Estar abierto al perdón. Nunca es fácil. Toma el control de la situación y cuando esté listo, optar por perdonar a esa persona por todo lo que te hicieron. O bien, optar por perdonar a sus acciones. Oremos para que aprendan las lecciones que necesitan aprender. Y, lo más importante, perdonarte a ti mismo por dejar que una persona que realmente se preocupaba por ti herido tan profundamente.

Relájese. Respira. Perdona.

El Regalo de la Luna   9 de Febrero, 2013

Esta semana tuve la oportunidad de reunirse con familiares que viven a miles de millas de distancia. Como parte de nuestra visita, tuvimos "Parte 2 de la Navidad." No podríamos estar todos juntos en Navidad, y esta fue una oportunidad para reunirse; mientras que tuvimos la oportunidad, tuvimos una mini segunda Navidad. Hubo muchos regalos que eran demasiado frágiles para enviar por correo. Sabíamos que sería conseguir juntos como familia esta semana, así que decidimos esperar.

Este año para la Navidad que habíamos dibujado nombres de quienes a conseguir un regalo para. Este año mi sobrino tenía mi nombre. Yo no sabía lo que iba a recibir. Yo no tenía expectativas. Para mí, dar un regalo es mucho más importante que conseguir uno. Me gusta poner mucho pensamiento en el regalo que le doy, asegurándose de que el regalo es perfecto para esa persona. Para mi sorpresa, recibí una hermosa fotografía enmarcada de la luna, que mi sobrino mismo había tomado. Nunca he visto una imagen de la luna como antes. Una foto perfecta de la luna. El presente perfecto para mí.

El regalo de la luna. La luna es mi inspiración, mi consuelo, mi compañera, mi musa.

El regalo perfecto para el poeta de la luna.

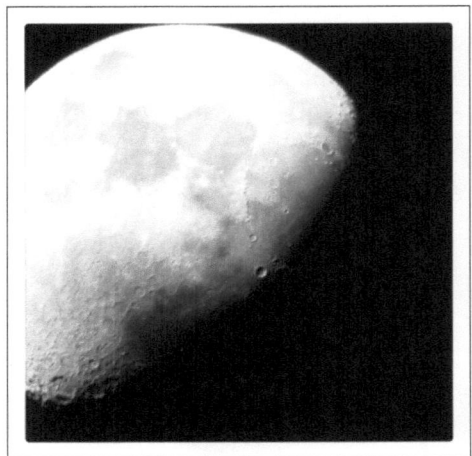

He aquí mi amigo, mi inspiración, mi musa, la luna.

Gracias David.

Dedicación   12 de Febrero, 2013

Al ser un poeta, ser parte de una gran comunidad artística, he conocido a artistas de todo tipo. Intérpretes de muchos géneros-bailarines, artistas de performance, mimos, payasos, contorsionistas, malabaristas, magos, músicos, jinetes de disco.

También he conocido a muchos escritores, poetas, escritores, dramaturgos. Los diferentes campos de estos artistas son tan variadas como los propios artistas.

Sin embargo, hay algunas cosas que estos artistas tienen en común la pasión por su arte. Perseverancia. Tal vez el mayor rasgo que todos estos artistas tienen en común la dedicación.

La dedicación a aprender algo nuevo. Dedicación para realizar su arte en la medida de sus capacidades. Dedicación a ensayar y perfeccionar sus habilidades hasta que sea perfecto. La dedicación a su oficio. Para ser el mejor que pueden ser.

Tengo autores conocidos que pueden sentarse en un escritorio con un ordenador o un bolígrafo y papel y escribir durante 8 horas seguidas. He conocido a artistas de performance que necesitan hacer ejercicio durante varias horas al día sólo para mantenerse en óptimas condiciones físicas.

He conocido a artistas para entrenar y ensayar durante horas para conseguir un pedazo rendimiento derecha. He conocido a artistas que constantemente acuden a clases para aprender cosas nuevas para mejorar su oficio.

La semana pasada hablé con un compañero artista. Durante el curso de nuestra conversación, la persona dijo que eran un poco dolorida. Le pregunté a esta persona si hubieran tenido un ensayo extenuante ese día, o una rutina de ejercicio extenuante. Esta persona me dijo que habían ido a un taller para aprender una nueva habilidad para llevar a cabo, para añadir a su repertorio; pero, eso no era por qué estaban doloridos.

Estaban cansados y doloridos porque habían caminado al taller. La ubicación del taller era más de 90 minutos de su casa. Habían caminado al taller. Más de 90 minutos de distancia.

Sentado en una computadora y escribir durante 8 horas al día. Hacer ejercicio durante 4 o más horas al día para mantenerse en la parte superior de la aptitud física. Ensayando durante horas y horas para conseguir todo bien. Caminar a un taller de 90 minutos fuera de casa.

Eso es dedicación.

La Luna Sonriente   13 de Febrero, 2013

¿Lo viste anoche? Yo nunca había visto antes. Fue un espectáculo increíble de ver.

Ayer por la noche, después del trabajo, yo estaba caminando a mi coche. Miré hacia arriba en el cielo para ver si podía detectar la luna. Nunca sé si ella está en una media luna, luna creciente, o en una luna llena.

Mi favorita es cuando la luna está llena, y podemos ver su luz de la luna y el brillo resplandor todo el cielo de la noche oscura. Pero cuando miré a la luna, vi algo que nunca he visto antes. Era una luna creciente; sin embargo, no fue tu ordinaria cada luna días de media luna.

Yo nunca había visto una etapa de la luna como antes. Normalmente, cuando usted ve una media luna, se ve sólo una astilla de la luna, en el lado de la luna. Sin embargo, eso no es lo que vi anoche. Vi una luna creciente, pero en el fondo de la luna. Fue el espectáculo más extraño de ver. Nunca había visto algo así en mi vida. Me detuve un momento para mirar realmente lo que estaba viendo, una media luna en la parte inferior de la luna.

Fue entonces cuando se me ocurrió. La luna estaba sonriendo. He visto algunas representaciones de este fenómeno en línea; que ha sido comparado con el gato de Cheshire de Alicia en el País de las Maravillas. Para mí fue más de una sonrisa, tímida y tímida, conocer y asegurar, casi como la de la Mona Lisa. Usted puede comparar a lo que quieras. Para mí fue mi querido amigo, la luna, diciendo hola, me envía una sonrisa.

Así que ... ¿viste anoche?

Confianza   19 de Febrero, 2013

El otro día se me acercó un amigo en línea, que estaba molesto y necesitaba hablar. Escribí esta persona y le pregunté qué le pasaba. A continuación, declaró que acababa de romper con su novia. Era obvio que tenía que hablar de ello, y yo estaba más que feliz de dejarlo hablar. Este joven me hizo muchas preguntas, la mayoría de los cuales estaban en el tema de cómo recuperarse de un corazón roto. Le dije que todos hemos sido rechazado, y todo lo que he tenido un corazón roto. Luego me hizo una pregunta profunda: "¿Cómo se puede confiar de nuevo?"

Para mí, eso fue una pregunta muy profunda. Al principio, yo no estaba seguro de cómo lo decía en serio. No estaba seguro de si él estaba preguntando cómo podía confiar en la persona que se había roto el corazón; También me pregunté si él estaba preguntando cómo confiar en las personas de nuevo, ya que acababa de tener una experiencia tan desgarradora. Empecé diciéndole una cita que había escuchado recientemente en línea: "La confianza es como un pedazo de papel arrugado. Una vez que se ha arrugado, nunca será igual otra vez." Le dije lo que yo creo, y cómo me mira confianza.

Sí, he tenido un amigo me mientas, me tratan como basura y romper mi corazón. Pero, esa experiencia no me ha hecho retrocedo en una concha y no hablo con nadie. Yo comportarme como siempre he hecho. Soy sincero con mis amigos.

Para responder a la pregunta: **"¿Cómo confiar en alguien nuevo que te ha herido?"** Yo no tengo una respuesta para esa pregunta. Yo no creo que pueda confiar en alguien que me duele que profundamente nunca más.

Pero, para responder a la pregunta: **"¿Cómo se confía de nuevo?"** Para mí, fue fácil. Otras personas no me hicieron daño, era sólo que una persona. Sigo creyendo en la gente. Creo en la bondad de la gente.

He aprendido a no esperar mucho de otras personas. Si ellos no cumplen con sus promesas, no puedo estar decepcionado.

Esté abierto a las posibilidades. Guárdate de protegerse cuando sea necesario. Esté dispuesto a confiar. Pero, al mismo tiempo, no confiar ciegamente. No castigue a sus amigos o familia o el mundo por algo que una persona hizo. Oren por esa persona; dejar que el dolor vaya. Estar abierto a la confianza.

Las Aventuras de Kit y Caboodle 20 de Febrero, 2013

Me acosté en la cama como empiezo a despertar. Conciencia conduce a una corriente de pensamiento. Abro los ojos. Veo que todavía es tiempo o de noche muy temprano por la mañana. Decido ir inconsciente de nuevo. Justo en ese momento un gato salta a mi cama, con mi almohada como un trampolín para rebotar a su final destino-el alféizar de la ventana detrás de mi cama. *Bueno, yo estoy* despierto, pienso para mí mismo. Ese fue sólo uno de muchos sucesos curiosos en mi casa desde que yo he adoptado dos pequeños gatitos, Kit y Caboodle. (Los que no son sus nombres reales. Estoy ellos llaman por estos nombres para proteger su identidad.) Adopté los gatitos hace varios meses de un refugio de animales local. Me siento bien sabiendo rescaté dos gatitos de un destino sombrío.

En los meses que han estado en mi casa han llenado con la risa y la luz y el amor. Los dos gatitos no son de la misma camada; sin embargo, los llevé a casa el mismo día, y los dos se han unido juntos como si fueran hermanas. Juegan juntos, novio entre sí, incluso acurrucarse a dormir juntos. Es muy valioso para verlos interactuar entre sí. Como todos hemos unido, hemos llegado a conocerse unos a otros y nuestras preferencias.

Cada gatita tiene su lugar favorito para sentarse, que se celebrará, no se celebró, a sentarse en mi regazo, para sentarse a mi lado, etc. Personalmente, he tenido que aprender a adaptarse a tener gatos con garras. (Ha habido algunos momentos de derramamiento de sangre accidental.) Como cada gatito que he conocido, no son más que pequeñas bolas de energía gatito. Mi sueño ha sido interrumpido desde entonces. Yo los traje a casa. Con todas sus travesuras gatito que se meten en, que es frustrante y, afortunadamente rara, hay momentos profundamente lindo también.

Ha sido muy valioso para mí para ver las cosas que han aprendido el uno del otro; es muy gracioso ver a un gatito hacer un comportamiento que sólo sabía que el otro gatito que hacer. Usando mi almohada como un trampolín para tener un lugar privilegiado para mirar por la ventana es una rara ocurrencia. Los días están llenos de gatitos retozando por la casa, durmiendo estrechamente juntos después de un largo día de juego.

Las noches se llenan de juego exuberante hasta que todos vamos a la cama. Como he escrito antes, cada uno tiene su propia historia. Se nos ha dado una página en blanco todos los días, y nosotros somos los autores de nuestras propias historias.

Parece que ahora tengo dos historias. La primera es mi propia historia de crecimiento y propósito como un poeta, una persona y una mujer. La segunda historia es la de ser cuidador a mis gatitos. Se llama, "Las aventuras de Kit y Caboodle."

"Las gatitas conocidos como Kit y Caboodle"
por Esperanza Habla

La Construcción de un Legado   23 de Febrero, 2013

He estado trabajando desde hace varias semanas en mis libros de poesía. Yo tengo dos libros en Inglés y dos libros en español: "Soy Esperanza" y "El Panorama." La poesía en los libros será a partir de este blog, así como mi primer blog, las Palabras de Esperanza.

www.esperanzahabla.blogspot.com

Sin embargo, en pasar por mi poesía en los últimos tres años, he encontrado que hay muchos poemas que nunca llegaron al blog. Algunos eran demasiado personales, algunos fueron escritos para una persona en particular, algunos que no pensaban lo suficientemente bueno para publicar. Ya que he tenido un cambio de corazón. Todo se va en los libros.

Ha sido muy interesante para mí, la compilación de estas obras, conseguir todo junto, en el orden en que fue escrita. Me gusta hacer eso, leer poesía, libros en el orden en que fueron escritos, escuchar música en el orden en que fue escrita. A través de este se puede ver (y escuchar) la evolución de la artista en su oficio.

Yendo a través de mis reservas de poesía ha sido una experiencia de apertura de los ojos muy para mí, así como una mente abrir. He leído un poema y recuerdo lo que pensé, por qué dije lo que dije, por qué he escrito lo que he escrito, que escribí un poema que, por qué me sentía lo que sentía.

También tomé un momento para pensar en donde comencé, como empecé como poeta, lo lejos que he llegado, cuánto he crecido, y cómo mi poesía ha ganado una audiencia. He tenido los lectores de más de 30 países leen mis palabras. Es sorprendente para mí. Cuando empecé a escribir, que era un medio para expresarme. Envié los poemas a un par de amigos. Nunca pensé que cualquier otra persona, o que el mundo, me importaría leer nada de lo que tenía que decir.

El Panorama

He crecido mucho en los últimos tres años, como artista, una persona y una mujer. Trabajando sobre la poesía, pensando en todas estas cosas es un buen período de reflexión. Así es como yo lo veo, la reflexión. Pero, que es una forma de verlo. Como mi buen amigo el autor, editor, tutor me dijo hoy:

"Usted está construyendo un legado. Tus cosas va a estar aquí mucho tiempo después de que se han ido."

Yo nunca había pensado en eso antes. Mi poesía vivirá. Mucho tiempo después de que he dejado. Ese es un pensamiento desalentador. Pero, no cuando en el contexto de la construcción de un legado.

Una Vida de Palabras   27 de Febrero, 2013

Vivo una vida de las palabras. Esto puede no ser una sorpresa para usted, porque yo soy un poeta. Pero me sorprendió. Empecé mi vida como poeta hace tres años. Pero he estado rodeado de palabras largas antes de eso. Como un niño de tres años que leí las palabras de los libros. Como un niño pequeño aprendí a cantar las palabras de la canción. De joven leí palabras estudio. He trabajado en una biblioteca de más de una década. Las bibliotecas son estos espacios sagrados. Las bibliotecas son santuarios de palabras. Mi biblioteca tiene cerca de 60.000 libros en ella. Cada libro, ya sea una novela, un libro de instrucción, un libro de autoayuda, un manual de lenguas extranjeras, cada libro está lleno de palabras. Cada libro contiene la historia de alguien. Las bibliotecas son formaciones cavernosas de palabras. Imagínense los vastos recursos. Todo el mundo tiene una historia que contar. Puede que le resulte apropiado que yo trabajo en una biblioteca, porque soy un poeta. Puede que le resulte irónico.
La ironía no se me ocurrió hasta hace poco. Estoy rodeado de palabras. Tengo palabras en mi cabeza todo el tiempo; por lo general las palabras son letra de una canción favorita. O bien, las palabras son pensamientos que más tarde se transformará en la poesía que va a leer. Estoy rodeado de palabras. Estoy envuelto en palabras. Ellos son mis compañeros constantes. Son los colores en mi paleta. Vivo una vida de las palabras.

"Para obtener la palabra correcta en el lugar correcto es un logro poco común. Para condensar la luz difusa de una página de pensamiento en el flash luminoso de una sola frase, es digno de figurar como una composición de premios sólo por sí mismo ... Todo el mundo puede tener ideas – la dificultad consiste en expresar sin desperdiciar una mano de papel de papel sobre una idea que debería reducirse a un brillante punto."- Mark Twain

El Viaje   4 de Marzo, 2013

En el último mes he estado recogiendo mi poesía para poner en forma de libro. La poesía comienza con mis inseguros, rasguños inseguros, vacilantes con la pluma y el papel. Las transformadas de poesía, evoluciona a lo largo de mi cuerpo de trabajo. Y yo también.

Empecé a escribir hace tres años con el apoyo de algunos amigos. Siendo escritores ellos mismos, eran profundamente generoso con su tiempo y al darme sus ideas y opiniones acerca de lo que había escrito. Yo estaba muy insegura cuando empecé. No tenía idea de que tenía talento como escritor. Pensé que mis escritos no eran más que garabatos, expresar mis pensamientos y emociones. Cuando dijeron que les gustaba lo que había escrito, pensé que estaban siendo agradable. Poco hizo sé que en el momento en que me había embarcado en un camino de reflexión, la claridad y la conciencia de que iba a cambiar mi vida para siempre.

Si alguien me hubiera dicho hace cinco años que iba a convertirse en un poeta, yo habría pensado que estaban locos. Si alguien me hubiera dicho que iba a empezar mi propia editorial y publicar mi poesía, me habría reído en su cara.

Como escritor, escribo un poema, publicarlo y compartirlo. Se ha dicho que la Internet es el vertedero de basura para el hombre común, que da a cada idiota una etapa de expresar sus opiniones. Para mí que me ha dado una plataforma, una voz, y un público. Estoy agradecido de que tengo un público y que le están escuchando. Me siento muy honrado de escuchar cuando algo que he escrito ha ayudado a alguien. Eso se está moviendo profundamente oír.

Como he compilado mi poesía juntos me he tomado el tiempo para mirar hacia atrás en lo que he tenido que pasar, y lo que he aprendido. Algunos de mis clases eran fáciles. La mayoría de ellos no lo eran.

Estoy agradecido a Dios, el poder superior, el universo por enseñarme las lecciones que tenía que aprender, sobre la confianza, la honestidad, los límites, las expectativas, el perdón, el amor. He crecido como artista, como mujer y como persona en estos tres últimos años. He convertido en la persona que yo estoy destinado a ser.

Tengo una nueva claridad, un nuevo entendimiento, una nueva honestidad, un nuevo propósito. Gracias por acompañarme en mi viaje y estar allí para mí en mis horas más oscuras ti. Ayude a mantener mi consciente de lo que he aprendido. Ayúdame a seguir en mi camino de la conciencia y la claridad. Guíame en mi camino y me enseñan las lecciones que todavía tengo que aprender.

Este ha sido un viaje increíble. Una lección de humildad, estimulante, dolorosa, gozosa, humillante, apertura de los ojos, el corazón roto, impresionante, devastadora, increíble viaje.

Voy a recordar este momento de mi vida para siempre.

Gracias por compartirlo conmigo.

Poesía   6 de Marzo, 2013

No debería ser ninguna sorpresa que tengo una pasión por la poesía. Escribo siempre viene la inspiración. He leído la poesía de muchos poetas famosos. Sin embargo, creo que la mayoría de la inspiración de mis contemporáneos.

Anoche tuve el placer de leer la poesía de un amigo en línea. Esta persona ha escrito durante años, y no tiene un blog de sus escritos. Sus palabras estaban llenas de pasión y poder. Ellos saltaron de la página, el alza en las nubes.

Después de leer algunos de la poesía de esta persona, animé a esta persona para comenzar un blog de sus escritos. Señaló que tal vez un blog debe ser en Inglés, para que más personas pudieran leer su obra. Entonces le dije que podía hacer un blog como éste, donde el lector puede elegir su propio idioma. Hay más de 60 idiomas para elegir. El lenguaje no tiene por qué ser una barrera. Mi amigo me encantó esta sugerencia.

La lectura de las palabras de este amigo en línea, la lectura de su poesía, que reafirma mi amor por este arte. Me dan ganas de seguir en mi camino. Para escribir más. Para ser mejor.

La poesía es todo lo que nos rodea. Es en los poemas que escribimos, por supuesto, pero también en la letra de una canción, el movimiento de un cuerpo en un baile, una interpretación de un concierto para instrumentos, en los colores sobre lienzo de un artista, en el vuelo de una mariposa .

La poesía está en todas partes. Sólo tienes que buscar.

"La poesía es la música del alma"-Voltaire

Pérdida

12 de Marzo, 2013

En el último mes, he notado un desafortunado giro de los acontecimientos. Uno de mis compañeros de trabajo perdido un ser querido. Un amigo en línea de romper con su novio de más de una década. Otro compañero de trabajo perdido un ser querido. Novia de un amigo muerto, que habían estado involucrados diez años. Usted podría estar preguntándose lo que estos incidentes tienen en común. La respuesta es simple: la pérdida.

El tema de la pérdida es la que estoy familiarizado. Mi querido gato de diecisiete años murió el año pasado. También el año pasado perdí a mi mejor amigo, y no a la muerte, a la vida. Las pérdidas en la vida pueden ser cosas devastadoras. Nos pueden enviar en una espiral de dolor y desesperación que puede tomar meses o incluso años para superar.

En el último mes algunos de estos amigos que han experimentado pérdidas, o tenían familiares que sufrieron la pérdida, han venido a mí y me pidió ayuda. A pesar de que las circunstancias eran diferentes, hay algunas frases comunes:

"No sé qué hacer. ¿Qué debería hacer? Dime qué hacer."

Muy a menudo nos preguntamos por algo que hacer en estas situaciones porque nos sentimos impotentes. Nos sentimos fuera de control. No podemos quitar el dolor.

Nos sentimos impotentes cuando vemos a un miembro de la familia en la desesperación. Nuestro propio dolor nos hace querer a caer de rodillas y el colapso en un charco de lágrimas y dolor.

Uno de mis buenos amigos vino a mí después de tener su corazón roto. **"¿Qué hago? Yo no sé qué hacer."** Mi respuesta a ella era para relajarse, respirar, leer, rezar, comer un poco de chocolate, ser bueno para ella, montar las olas de la emoción como vienen. Si usted ha experimentado una pérdida, no necesito decirte lo doloroso que puede ser. Una cosa que no puedo expresar con palabras lo es "bueno para ti."

Rodéate de pensamientos positivos, las cosas que hacen que usted se sienta cómodo, una taza de té, un largo baño caliente. Tome las emociones como vienen. Encuentre a alguien con quien hablar.

Si la pérdida se siente se centra en torno a una persona específica, mirar el cuadro más grande. No se concentre en el final.

Sé agradecido por las cosas buenas que sucedieron mientras esta persona estaba en su vida. Piensa en todo lo que ha aprendido de la experiencia. Escribe lo que no se puede decir, lo que usted desea que usted podría haber dicho, lo que quiere decir. Cada día el dolor se vuelve menos y menos.

Un día te despertarás y algo habrá cambiado. Es algo indescriptible, algo intangible; pero te darás cuenta de la diferencia. Usted se despierta y el dolor no será tan malo nunca más. Cuando me enteré de esto pensé que sonaba como un cliché estúpido. Créeme cuando te digo que esto es cierto.

Para aquellos cuyos amigos o seres queridos han experimentado una pérdida, mi consejo sería para relajarse, respirar, orar y ofrecer orientación cuando sea necesario. El número uno lo sería para escuchar. Tienen que hablar de lo que están sintiendo y experimentando. Si es posible, dejar que ellos hablen con usted. Escucha. Esté abierto a lo que le están diciendo.

Oremos por ellos y cuidar de ti mismo. Usted tendrá que mantener sus reservas de fuerza si necesitan apoyarse en ti. Sigan con sus reservas de fuerza para que pueda ser fuerte para ellos. Esté dispuesto a escuchar y dar consejos. Si la persona necesita un tiempo separados, tiempo a solas para reflexionar y hacer frente a su dolor, darles ese tiempo solo. Ellos vienen a usted cuando estén listos.

Hay muchos intensas emociones dolorosas que acompañan a la pérdida. Lo bueno de la pérdida es que el dolor es temporal. Puede que no se siente como cuando estamos en el medio de ella. Confía en mí, es sólo por ahora. Todo es sólo por ahora. El dolor embota. Las cicatrices se curan.

Un día, muy pronto, va a despertar y ser cambiado, para mejor. Los cielos estarán soleado y el dolor no será tan profunda.

Usted se dará cuenta de que las cicatrices permanecerán con usted como un recordatorio de lo que haya pasado por una cicatriz de batalla que significa lo que usted ha sobrevivido.

Nuestras cicatrices nos hacen lo que somos.

Nuestras cicatrices nos hacen hermosa.

Posibilidades Infinitas   19 de Marzo, 2013

He estado pensando en los últimos tiempos sobre los escritores, y cuál es su papel. Además, lo que sus talentos son, o poderes. Muchas personas que son artistas son escritores. Cada movimiento en el escenario se ha escrito. Cada nota que se canta se ha escrito. Cada palabra en un soliloquio se ha escrito.

También he estado pensando en los escritores que escriben poemas, libros, historias. Recientemente he descubierto, o se dio cuenta, que los escritores tienen las llaves del universo. Podemos hacer que algo suceda. Hay infinitas posibilidades.

Podemos crear un universo. Podemos resucitar antiguos babilonios. Podemos hacer una mosca pescado, un baño del pájaro. Podemos hacer una risa arco iris, un lloran montaña. Podemos hacer llover al revés. Podemos hacer que nieve. Podemos tener esa última conversación con nuestro ser querido en el cielo. Podemos hacer visible lo invisible. Podemos hacer la luna cantar.

Algunos podrían pensar que esto hace que los escritores divinos. Yo no creo eso. Creo que la imaginación es nuestra caja de herramientas creativa, una celebración de todo lo que el cofre del tesoro que podríamos necesitar. Los únicos límites a nuestra creatividad son los límites de nuestra imaginación.

Actualmente estoy en el medio de escribir mi propia novela. Me hace preguntarme qué otras historias que tengo que decirte. Cuando estoy listo, voy a ir a mi cofre del tesoro, ver qué cosas maravillosas que encuentro allí. Hay infinitas posibilidades.

Mi Querida Sally   30 de Marzo, 2013

Hola querida amiga. No he podido hablar con usted por un tiempo ahora. ¿Como estas? Lo estoy haciendo bien. Te he echado mucho de menos a Sally.

Estoy seguro de que había muchas cosas que yo no llegué a saber de ti; ahora nunca voy a tener la oportunidad. Pero, estoy seguro de que hay cosas que no sabías sobre mí. Por ejemplo, tengo un cerebro raro para las fechas. Recuerdo que cuando ciertas cosas sucedieron. Les puedo decir el día que conocí E. puedo decirles cuando M me dijo la verdad y salió. Yo te puedo decir el día S y yo nos conocimos. También puedo decir que mi amistad con él terminó. Recuerdo hoy, Sally. Recuerdo que usted nos dejó hace dos años. Este Dia.

Han pasado tantas cosas desde que te vi por última vez. Recuerdo haber ido al hospital a verle. Esa sería la última vez que vería a usted. Y yo lo sabía. Me dio pena que no te podía ver hacia el final.

Recuerdo que estaba en el trabajo cuando recibimos la llamada. Me llamaron a la oficina, que me diera un poco de intimidad, para decirme que habías muerto. Recuerdo que me sentí molesto al escuchar la noticia. Pero, sabía que su salud estaba fallando. Sabía que la triste verdad, que era sólo cuestión de tiempo antes de que el cáncer que usted tomó de nosotros. No fue hasta que me fui a casa esa noche que la realidad de la situación me golpeó.

¿Te acuerdas de mí hablando contigo esa noche? Recuerdo que como si fuera ayer. Recuerdo ir a casa y tener un momento de oración, y hablar con usted. Sé que usted me ha oído esa noche. Gracias por traerme consuelo usted.

Recuerdo que fui a su visión. Recuerdo ir allí con A. Había tanta gente allí Sally. Estoy seguro de que estabas buscando sobre nosotros y sonriendo. Recuerdo que toma las fotos, para que por mí mismo.

El Panorama

Recuerdo el gran televisor que tenían con la presentación de diapositivas de sus fotos. Tenían tantas fotos que tenían tableros gigantes cartel completo! Recuerdo haber hablado con su marido. En realidad recordaba quién era yo. Dijo que las tarjetas y cartas que te envié cada semana te hace sentir tan bien. Me alegré de escuchar eso. Te Recuerdo haber visto, acostado en su ataúd, que estaba cubierto de girasoles. Esa flor siempre será su flor.

Creo que la última vez que hablé hace un año. Han pasado tantas cosas desde entonces.

Como ya he aludido antes, S y me separaron. Éramos buenos amigos, y realmente nos encantó el uno al otro como amigos. Pero, él no era el hombre que sabía que él sea. La persona que yo conocía, él realmente se preocupaba por mí como un amigo, y sé que él se preocupaba por ti. Él le escribió ese hermoso poema esa noche, cuando moriste. Gracias por secar mis lágrimas en su lugar usted.

Yo no te puedo decir lo que pasó con él y yo El fin de nuestra amistad era feo y doloroso y devastador y humillante. Dicho esto, que era lo mejor que se terminó. Le deseo lo mejor, de manera creativa, artísticamente. Él tiene mucho que dar al mundo. Y a la luna.

Además, el año pasado, mi gata Calypso murió. Ya era hora de que se fuera. Tuve un veterinario venir a mi casa para tener su puesto a dormir. Era lo mejor para ella. Esto no era para mí, que era exclusivamente para ella. Ese día yo sabía lo que venía, y me molesta profundamente.

Cuando pasó, fue realmente lo más preciado en mi vida. Cuando ella murió, era sólo la paz. Sin zumbido, no hay aullidos de dolor, sólo el consuelo, la paz. Ella se convirtió en la energía, la luz. Así como lo hizo. Tener el médico llegado a enviarla al cielo era lo más desinteresado que he hecho. Después de que yo no era molesto. Se había acabado. Ella encontró la paz. Y así lo hizo I.

Mi escritura es realmente despegando. Puse en marcha un nuevo blog en diciembre pasado. Sally, usted no lo creería. He tenido más de 4.600 personas vienen a mi blog desde diciembre! Estoy recibiendo 1.200 visitas al mes! Yo nunca hice bien en mi antiguo blog. Empecé a escribir para expresar lo que sentía. Nunca soñé que iba a compartir esos escritos con nadie, y mucho menos iniciar un blog. Estoy sorprendido y honrado de que la gente de todo el mundo están leyendo mis palabras.

He decidido que quiero publicar mi poesía. Lo pensé y decidí que la mejor manera de hacerlo es crear mi propia editorial. Lo sé, no puedo creer que ya sea! ¿Quién iba a pensar eso de mí? Esperanza-empresario!

Hablando de la escritura, S publicó su libro. Lo publicó. Estoy muy orgulloso de saber que lo publicó. Es un honor saber que lo inspiró para escribirla. Compré una copia, como recuerdo. Bueno, me he comprado dos uno para mí y otro para el Sr. C. Me miré en la parte posterior del libro-S tuvo que hablar. Muchas gracias por ayudarle a escribirla.

Caray Sally, mirando hacia atrás en esta carta, usted probablemente ya sabe todo lo que acabo de decir. Desde su punto de vista en la luna, se puede ver todo lo que está pasando. Usted probablemente puede ver lo que está por venir también.

Se siente tan bien hablar con usted de nuevo a Sally. Te he extrañado mucho. Es curioso, todavía tengo su último mensaje a mí en mi contestador automático. No puedo soportar la idea de eliminarlo. Pienso en ti cada vez que veo la foto de ese autor-que famosa pareces tanto a ella. Cada vez que la veo foto en uno de sus libros, pienso para mis adentros: "Esa es mi Sally."

Gracias por venir a mi ventana anoche. Recuerdo que en la cama, tratando de llegar a dormir, cuando de repente la habitación estaba inundada de luz. Miré por la ventana y te vi, en la luna, en mi ventana. Gracias por traer la luna para mí, y para brillar tu luz hermosa, que me consuele. Pienso en ti como mi ángel de la guarda. Gracias por cuidar de mí.

Realmente te extraño Sally. Echo de menos tu sonrisa, tu risa. He aprendido mucho de usted. No estoy solo. Hay muchas personas que te faltan. Usted fue un amigo muy querido para mí. Usted lleva a cabo un lugar especial en mi corazón.

Cuidate mi querida Sally. Hasta la próxima.

Respeto   4 de Abril, 2013

En la última semana, hubo dos casos judiciales interpuestos ante el Tribunal Supremo de Estados Unidos, que tiene que ver con la igualdad de derechos. Más específicamente, estos casos se trata de reconocer legalmente los matrimonios a nivel federal para los homosexuales, un derecho en la actualidad sólo proporcionó a los heterosexuales.

Estos casos que comparecen ante el tribunal creado un diálogo en los EE.UU. sobre el matrimonio gay, entre los partidarios de la misma y los contra. Como en muchos temas, es un tema importante para discutir. Como yo examinamos los medios sociales la semana pasada, hubo muchas declaraciones que eran edificante y positivo. Sin embargo, hubo muchos comentarios que convirtieron el debate en un discurso feo, negativo, insultante, odioso. De la gente en ambos lados de la cuestión. La lectura de estos comentarios era molesto para mí. Tuve una reacción visceral. Era como si yo estaba escuchando a un argumento que tiene más calienta y vicioso con cada palabra. Finalmente he inscrito fuera de las redes sociales y se fue a otras cosas. No podía leer una palabra más. Independientemente de la cuestión en debate, tenemos el derecho de expresar nuestros pensamientos, creencias, opiniones. Si usted no comparte mi opinión y de creencias, que está muy bien. Podemos estar de acuerdo en no estar de acuerdo. Voy a respetar su opinión, y espero que va a respetar la mía.

Esa es la clave para la expresión de tales cuestiones apasionado respeto. Para expresar su opinión es una cosa. Para ser negativo o insultante cuando alguien no está de acuerdo con usted, o desafía su opinión, es otra.

Yo no tengo el derecho de ser una falta de respeto, feo, odioso en mis comentarios a otro ser humano por cualquier razón. Tampoco nadie.

El respeto se da donde se da respeto.

El Panorama

La Luna   6 de Abril, 2013

He tenido la suerte en mi nueva vida como poeta. He conocido a
muchos artistas de diferentes tipos de arte. El otro día me encontré con
un hombre, un poeta. Él es tan cautivado con la luna como yo.
Mientras los seres humanos han existido, hemos tenido una fascinación
por la luna. La luna ha tenido un profundo efecto en la humanidad en
muchas áreas, incluyendo calendarios, días de la semana, la religión, el
arte, la literatura, la música, la ciencia, la mitología. En la tradición
urbana, puede hacer que una persona se convierta en un hombre lobo.
La luna puede hacer que una persona vaya loco, de ahí el término
"lunático."

Nuestro nombre para el primer día de la semana se toma de la luna.
Los seres humanos prehistóricos hicieron esculturas sobre la luna.
Stonehenge y otros templos lunares fueron creados 5.000 años antes de
Cristo. Gente rastrearon las fases de la luna para obtener información
sobre el cultivo y la cosecha de los cultivos. Las olas en el océano
están bajo el hechizo de la luna. Hay algo que nos atrae a la Luna. Es
un fenómeno inexplicable. La luna ha sido el tema de muchos poemas,
óperas, obras de arte, las religiones. Existe un vínculo intangible entre
nosotros y la luna. Ha existido desde la creación del mundo.

Mi enlace a la luna comenzó hace tres años. Conocí y me enamoré de
un hombre que ama la luna. Yo ya no estoy en el amor con este
hombre. Pero mi amor por la luna no ha disminuido. Incluso me llamo
a mí mismo "El Poeta de la Luna."

Muchos ven cosas diferentes cuando mirando a la luna. Algunos ven el
conejo en la luna. Algunos ven el hombre en la luna. Algunos ven la
luna como un dios. Otros como una diosa. He oído decir que, cuando
un mimo mira a la luna, que ven una cara como la de ellos, también en
blanco. Cuando nos fijamos en la luna, lo que te pasa? ¿Qué piensas
de? ¿Que ves? Para mí, veo una fuente de inspiración. Veo comodidad.
Veo a seres queridos en el cielo. Veo compasión. Veo a un compañera.

Veo una generosa, musa fiel que me inspira en mi escritura. Todos estamos bajo el hechizo de la luna. Todos estamos bajo su encanto. Es nuestro amigo y guardián constante. Nuestro protector. Nuestra inspiración. Nuestro compañera constante en el universo. La luna siempre está ahí para nosotros. Nunca estamos solos.

"Su antigüedad en el precedente y sobrevivir a sucesivas generaciones telúricas: su predominio nocturno: su dependencia satellitic: su reflejo luminaria: su constancia en todas sus fases, salida y la puesta en sus tiempos señalados, creciendo y menguando: la invariabilidad forzada de su aspecto: su respuesta indeterminada a interrogatorios inaffirmative: su potencia sobre efluentes y refluent aguas: su poder para enamorar, para mortificar, para invertir con la belleza, de hacer una locura, para incitar a los y delincuencia ayuda: el hermetismo tranquilo de su rostro: el terribility de su aislada dominante proximidad resplandeciente: sus presagios de tormenta y de la calma: la estimulación de su luz, su movimiento y su presencia: la amonestación de sus cráteres, sus mares áridos, su silencio: su esplendor, cuando sean visibles: su atracción, al invisible "
- James Joyce "Ulises"

Creación de un Destino   10 de Abril, 2013

La vida es una cosa increíble. Se mueve tan rápido. Con esto en mente, pensé que le daría una actualización sobre las cosas desde que escribí "Mi Historia."

Las cosas han ido bien.   Empecé este blog el pasado diciembre. Mi razón para el cambio de los blogs era la facilidad de uso para usted, el lector. Este blog tiene más de 60 idiomas. Puede seleccionar el idioma que desee, y tienen mi poesía traducida a su idioma. Hasta la fecha este blog ha tenido más de 5.100 visitantes.

Como he crecido como poeta y un artista, empecé a pensar en la publicación de mi trabajo. He hecho mucha investigación sobre el tema. He decidido que la mejor manera de publicar mi poesía es que hacerlo yo mismo.

He estado trabajando en la compilación de mi poesía durante meses, tenerlo listo para la impresión. Los libros se encuentran ahora en la fase de redacción. Hay 4 libros en todo lo que quiero publicar: dos en Inglés, dos en español, en formato impreso y electrónico.

También he estado construyendo un sitio web para mi nueva empresa editorial. Hay algunas cosas que faltan; Sin embargo, esos son detalles que vendrán con el tiempo.

Ayer me reuní con un abogado para discutir cómo crear mi propia editorial. Él me dio una lista de cosas que hacer. "En primer lugar usted necesita para hacer esto, y entonces usted necesita para eso." La reunión con el abogado estaba libre a través de mi biblioteca local. Me salvó cientos de dólares. Esa reunión fue sólo uno de los pasos que estoy tomando en este viaje.

Ahora las cosas están avanzando a una velocidad increíble.
Mi empresa debe estar listo en aproximadamente un mes "el tiempo, y los libros debe estar listo para imprimir y luego también. Espero tener los libros disponibles para su compra en el otoño, o en la época navideña.

A partir de esta nueva aventura en mi vida, esta nueva aventura, me siento como si estuviera en un viaje de mil millas. Mi viaje ha comenzado, y yo soy sólo una cuarta parte del camino. Habrá muchos pasos en este viaje, muchos obstáculos que superar, muchos dragones para matar.

Siento que no estoy sólo la creación de un negocio. No estoy creando una editorial. No estoy convertirse en empresario y editor. No estoy publicar libros de mi poesía. Estoy creando un destino.

Ojo del Escritor   24 de Abril, 2013

Parece que los escritores ven el mundo de manera diferente a los demás, con un ojo detallada. Cada escritor tiene su propia visión única del mundo, su propio ojo único que les ayuda a ver, percibir, detectar. Cada ojo es tan único y variado como los propios escritores. Los ojos de un escritor son como caleidoscopios, algunos son como lupas, espejos, incluso gafas de color índigo. Una vez que el escritor descubre su ojo, entonces se convierte en una herramienta para el examen de sí mismos y el mundo que les rodea. Es una maravillosa herramienta de expresión personal, la auto-exploración, el conocimiento de uno mismo. El escritor ha sido bendecida luego con mayor claridad, la visión, la sabiduría y el conocimiento de sí mismos, sus amigos, seres queridos, los patrones, comportamientos, patologías, incluso el propio mundo.

El ojo del escritor sí nos ayudarán a escritores a entender el mundo que nos rodea y nuestro lugar en él. Hacemos ver el mundo de manera diferente. Me veo diferente. Ha sido un recurso profunda para mí. Antes de encontrar mi ojo, era como si estuviera mirando el mundo a través de una mirilla en una puerta. La puerta se ha abierto, y estoy reunido con objeto masivo del mundo. Mis ojos se han ajustado a la luz una vez cegadora. Ahora puedo utilizar el ojo se me ha dado, de ver el mundo, y dentro.

El ojo del escritor es un inmenso regalo. No sé por qué o cómo lo conseguí. Pero estoy muy feliz de que lo tengo.

El Panorama

Dichosamente Tontería   1 de Mayo, 2013

(Una carta a la luna)

Hola Luna, mi querido amigo. Te vi en mi ventana de la otra noche.
Eso fue muy dulce de tu parte para venir a darme consuelo. De alguna
manera siempre sabes cuando te necesito. Siempre estás ahí para mí.
¿Has oído mi noticia? Formé mi nueva empresa! Lo nombré después.
Parece justo, dado nuestro vínculo especial. Ciertamente hay un fuerte
vínculo entre nosotros. ¿Cómo ocurrió eso? Bueno, yo sé cómo
sucedió, me enamoré de un hombre que te amó. Llegué a conocer a
través de él y aprendí a amar a ti también. Pero no es sólo conmigo;
usted tiene un fuerte vínculo con muchos. He oído hablar de la gente
que mira fijamente por horas, incluso hasta el punto de locura. Quizás
están cautivados por su belleza. Pero, eso no puede ser todo. Ustedes
son como nosotros; su verdadera belleza se encuentra dentro. He oído
decir que usted es un espejo, reflejando nuestra propia belleza interior
de nuevo a nosotros. También he oído que cuando la gente te mira, ven
la cosa o persona que más amas. (Tengo que confesar, al oír esa frase
me hizo pensar en un cierto espejo en los famosos libros de asistente.)
Supongo que a algunos que podrían ser verdad. Pero, cuando te veo,
veo a un tutor. Una musa. Un compañero. Un amigo. Recientemente
he escuchado esa canción acerca de usted. ¿Has oído hablar todavía?
Es probable que tenga, se trata de un par de años ya. No podía creer
que una de las líneas de la canción; dijo que las personas son tontos si
hablan a usted! Tal vez soy un tonto. Tal vez por escrito a usted de esta
manera, en una forma de hablar con usted, es una tontería. Si ese es el
caso, que así sea. Ruego que vivir el resto de mis días siendo
descaradamente y felizmente tonto.

Cuídate mi Luna, mi luna. Hasta pronto, mi eterno mejor amigo.

Ciudadano del Mundo   7 de Mayo, 2013

¿Te has preguntado cómo ha llegado hasta donde estás? ¿Te has preguntado cómo su gente llegaron donde estás ahora?¿Te has preguntado acerca de sus antepasados? Su herencia? Su linaje?

Poco después de mi nacimiento fui adoptado. Mis padres son de Scottish / Irlandés ascendencia / Inglés. Cuando me adoptaron, adopté su ascendencia. Muchos niños adoptados llegan a ser adultos que quieren encontrar a sus padres biológicos.

No culpo a alguien por querer hacer eso, para encontrar a los padres que dieron a luz. Pero no es para mí.
He visto muchos espectáculos en la televisión frente a la ascendencia, la búsqueda de enlaces en todo el mundo a través de ADN, (ácido desoxirribonucleico), los componentes básicos de la vida.

Desde ver estos espectáculos, he querido hacer esto por mí mismo.

Este año para mi cumpleaños una de mis hermanas me dio un vale para un kit de ADN. La empresa en cuestión divide al mundo en 5 regiones (en lugar de los 7 continentes.) Los resultados finales me mostrarían lo que los países tenían partidos para mi ADN, basado en esos 5 regiones. Entré en la información para el bono en línea; unas semanas después recibí mi kit. Seguí las instrucciones, limpió el interior de mi mejilla, sellé las muestras en un sobre, y los envió de vuelta a la compañía. Unas semanas más tarde me tienen ahora mis resultados.

Al entrar, pensé Irlanda sería el primero de la lista para un partido de ADN. Me dijeron que el nombre de mis padres biológicos es irlandés. Me encanta la música irlandesa; habla a mi alma como ninguna otra. Yo habría apostado dinero que el número uno del partido de país habría sido Irlanda. Eso no es lo que me enteré.

Recibí un correo electrónico hoy que mis resultados estaban listos. Fui a un sitio web, cerrar sesión, y vi a mis resultados. Vi que había una lista de los países coincide en cada región, y cómo coincidía mi ADN

89

(o no coincide) otros países en la misma región. Me concentré principalmente en los 5 primeros países, los países con el partido más fuerte.

He aquí, pues son mis resultados. Mi ADN se encuentra en los siguientes países:

Grecia-Afganistán-Honduras-Ruanda-Australia

Al ver estos resultados me hace pensar de nuevo a la época de Pangea, el inmenso continente que una vez contenía los 7 continentes. Con esa imagen en mente, estos resultados tienen sentido. Estábamos una vez conectados. Todos estamos conectados todavía.

No sé cuál de los 5 países o regiones tiene el vínculo más fuerte. No sé en qué país es mi país de origen. Podría ser uno de los que 5, o de otro país todos juntos. (Si yo quiero hacer uno, no puedo hacer una prueba de ascendencia, también usando ADN, para encontrar mi verdadero país de origen Pero, la prueba es de $100 Yo probablemente no voy a hacer eso)

No sé donde mis antepasados vinieron, o cómo llegaron a los EE.UU. Se entiende, por ser un americano, que, aparte de las tribus de indios americanos nativos, todo el mundo vino a este país de alguna manera. Como mi presidente, dijo, los EE.UU. es "... una nación de inmigrantes." Nuestros antepasados vinieron aquí. De alguna manera. Es lo mismo para usted. De alguna manera, de alguna manera, todos tenemos donde estamos ahora.

Sabía que yo era americano y algo más también. Pero yo no sabía qué. Ahora sé-Soy Americano, escocés, irlandés, Inglés, griego, Afghani, Honduras, Ruanda y el australiano! Estábamos una vez conectados. Todos estamos conectados todavía. Es lo mismo para todos nosotros. Soy igual que tú. Soy un ciudadano del mundo.

Confianza   11 de Mayo, 2013

Como he escrito antes, tengo dos gatitos, Kit y Caboodle. Los dos
gatitos son casi un año de edad. Es divertido verlos jugar juntos,
a veces la lucha libre, a veces al galope por la casa como si fueran
sementales salvajes. Me encanta ver a interactuar juntos, enseñar
a cada uno otras cosas, abrazar entre sí. Ayer, compré los gatitos
algunos juguetes nuevos. Uno de los juguetes que compró es una varita
de plástico con una larga tira de tela en el final de la misma. Para jugar
con él, las olas humanas la varita y el trozo de tela se mueve en el
suelo (o por el aire). El gato entonces sigue el trozo de tela y juega con
él, como si fuera una serpiente o animal similar. Saca a relucir sus
instintos de caza, y es una forma natural de juego. He traído el juguete
para los gatitos para jugar. Para mi sorpresa, estaban aterrorizados;
corrieron y se escondieron debajo de la cama. No pasó mucho tiempo
para averiguar por qué tenían miedo-que nunca habían visto un juguete
así antes. Hablé con ellos en un tono tranquilizador, diciéndoles que
todo estaba bien, y que me encantaría este nuevo juguete. Pasé junto a
mi cama, llevando la varita, arrastrando lentamente la pieza de tela en
el suelo. El instinto pudo más que Kit y ella saltó nada más sacarlo de
debajo de la cama. Dentro de los 5 minutos que tenía su gancho.

A medida que pasaba el tiempo la confianza del Kit creció y se volvió
más seguro de sí mismo con el juguete. Unos minutos más tarde,
Caboodle salió de su escondite. Observó Kit de jugar con él,
y se enteró de cómo hacerlo. Dentro de 5 minutos tanto Kit y Caboodle
estaban jugando con el juguete. Sus momentos de absoluto terror
terminó en una noche de fiesta y alegría con su nuevo juguete. Esa
experiencia con los gatitos anoche me recordó a cuando empecé a
escribir. Es cierto, nunca corriendo de una habitación en el terror y la
escondí debajo de la cama ante la idea de tener que escribir algo. Pero
yo estaba muy inseguro acerca de la escritura, en un primer momento.
Era algo que nunca había hecho antes. Me animaron a comenzar a
escribir hace tres años, por unos pocos amigos, como un medio de
expresión personal, para transmitir mis pensamientos y emociones.

Recuerdo compartir mis escritos con estos nuevos amigos y ser completamente inseguro. Quisiera pedir cosas como: "¿Te gustó? ¿Lo entendiste? ¿Entiendes por qué dije eso? ¿Qué piensas al respecto?"

Yo era como el gatito aterrorizado con el nuevo juguete. Yo no sabía si estaba escribiendo correctamente, transmitiendo lo que realmente quería decir, o incluso escribir de una manera que nadie más que yo lo entendería. Mis amigos llenaron el papel de mentor, como lo hice con los gatitos. Me aseguraron que les gustó lo que escribí y me animó a continuar. Yo solía pedir a mis amigos lo que pensaban acerca de algo que había escrito. Yo estaba muy inseguro. Yo no creo que tenía algún talento como escritor en absoluto. Mis amigos me tranquilizó y me dijo que mi escritura era muy bueno, y que debe continuar. Honestamente, pensé que me estaban aplacar. Como escribí más y compartí mis poemas con tus amigos mi confianza creció. Un día, le pregunté a un amigo lo que iba a pensar en mi crear un blog de mi escritura. Me animó mucho para hacerlo. Le dije que nunca podría hacer eso; compartir mis pensamientos y sentimientos con el mundo más profundos. Fue entonces cuando nació Esperanza Habla. Escribiendo bajo el seudónimo de Esperanza Habla me da la confianza que necesitaba para expresar lo que quiero decir. Tengo una nueva confianza en mí mismo. Yo no soy la persona que era hace tres años. También tengo confianza en mi escritura. Escribo un poema y que lo ponga; Yo no pido la opinión de nadie. Sin embargo, a veces voy a tener comentarios de mis lectores del blog. Ellos me dicen:

"Eres tan bueno en la escritura." "Seguir escribiendo"
"He leído su poema; lo que realmente me ayudó."
"La lectura de su poema, me sentía lo que sentía."
"Su poesía es tan universal, todo el mundo puede relacionarse."
"Me encanta lo que escribiste. Seguir escribiendo."

Aunque yo no solicito estos comentarios, son muy alentadores para mí. Me encanta escuchar que he ayudado a alguien. Esa es una preciosa sensación para mí. Realmente he crecido en la confianza en los últimos tres años. Me convertí en un escritor. Me convertí en Esperanza Habla. He crecido hasta convertirse en un poeta con un blog, y ahora un segundo. He crecido hasta convertirse en una editorial, formando mi propia editorial para publicar mis obras escritas. Nada de esto hubiera ocurrido alguna vez, o tal vez sucedido de esta manera, sin palabras esos amigos iniciales 'de aliento. Recientemente escuché una cita que dice:

"Los maestros pueden abrir la puerta,
pero sólo tu puedes entrar."

Quiero agradecer a mis amigos por ser los maestros que abrieron la puerta para mí, animándome a escribir, creer en mí.

Quiero agradecer a mi mismo, y Esperanza Habla, por tener la confianza para caminar a través.

Sobre el Autor

Esperanza Habla es el seudónimo para la Poeta Añil de la Luna. Ella comenzó su carrera literaria en el año 2010 con el lanzamiento de su primer blog, **"Palabras de Esperanza,"** con poesía en Inglés y Español. En el año 2012 Esperanza creó un blog nuevo, **"Letras a la Luna."** Los dos blogs tienen una audiencia creciente de lectores en más de 65 países alrededor del mundo. En 2013 Esperanza estableció su propia compañía editorial, **Prensa de la Luna, L.L.C.**

Esperanza tiene una licenciatura de la Universidad de Marian en Historia de la Música y la Literatura. Con un fondo musical, le encanta ver películas, obras de teatro, obras musicales y lectura de poesía.
Su trabajo como poeta y artista le ha ganado un lugar en una comunidad colectiva en todo el mundo de artistas creativos. Le encanta apoyar a otros artistas como ella misma ha ayudado. Su obra escrita ha obtenido Mención Honorífica en concursos literarios y ha aparecido en el Poesía Diaramente.

Esperanza vive en los Estados Unidos y comparte su vida con su querida familia y dos gatitas. Se puede encontrar en su sitio web:

www.esperanzahabla.com

Este es su segundo libro publicado en Español.

Otras publicaciónes de Prensa de la Luna:

I am Hope

The first poetic collection
by
Esperanza Habla

The Bigger Picture

The second
poetic collection
by Esperanza Habla

Soy Esperanza

El primer
colección poética
por
Esperanza Habla

Symphonies

The third poetic collection
by
Esperanza Habla

www.lalunapress.com